青少年成长必读书架

天生创业家

财智篇

解密创业家的童年故事

张征珍 常志勇 牛玲琴◎编著

中国社会科学出版社

图书在版编目（CIP）数据

天生创业家：解密创业家的童年故事 / 张征珍，常志勇，牛玲琴编著. —北京：中国社会科学出版社，2014.2
ISBN 978-7-5161-3659-1

Ⅰ．①天… Ⅱ．①张… ②常… ③牛… Ⅲ．①成功心理－青年读物②成功心理－少年读物 Ⅳ.①B848.4-49

中国版本图书馆CIP数据核字(2013)第279551号

出 版 人	赵剑英
责任编辑	武 云
特约编辑	段 琳
责任校对	徐婷婷
责任印制	王 超

出版发行	中国社会科学出版社
社 址	北京鼓楼西大街甲158号（邮编 100720）
网 址	http://www.csspw.cn
	中文域名：中国社科网 010-64070619
发 行 部	010-84083685
门 市 部	010-84029450
经 销	新华书店及其他书店

印刷装订	廊坊市瑞德印刷有限公司
版 次	2014年2月第1版
印 次	2014年2月第1次印刷

开 本	710×1000 1 / 16
印 张	11.5
字 数	173千字
定 价	31.50元

目录
CONTENTS

如果你不聪明，没关系，只要你能坚持。

如果你不富有，没关系，只要你有梦想。

如果你没门路，没关系，只要你够真诚。

如果你没口才，没关系，只要你有自信。

那些闻名于世的成功人士们，

起点并不比你高，甚至比你低很多。

他们和你一样，

努力过，也消沉过；

梦想过，也徘徊过；

惨跌过，但最终成功了。

从小就被粗暴对待的大卫·格芬，

长大后却成为一位宽厚的长者。

只有小学文化的本田宗一郎，

却创建了世界一流的汽车公司。

鼎鼎大名的投资圣手巴菲特，

却只是把金钱作为帮助别人的一种手段。

… …

成功，虽然是财富的增长，但首先

却是树立一种信念。

　　本书以世界创业家在青少年时代的故事为主线，讲述成功人士之所以成功的重要原因，即青少年时期就已培养出最基本的财商并不断努力。本书既包括扎克伯格创办facebook、拉里佩奇创办谷歌等敢于梦想、敢于创造的青少年创业家故事，也包括福特、李嘉诚等传统名人在青少年时代的奋斗故事。这些故事会告诉你，未来的成功植根于今日的努力。本书为图文并茂，深入浅出，集知识性与趣味性于一体，希望广大读者特别是青少年读者喜欢。

西门子——自觉学习的小天才

西门子，当我们听到这个品牌的时候，自然就有一种严谨、先进、便利的印象，而这个品牌的创始人，正是维尔纳·西门子。

1816年的冬天，西门子出生在德国汉诺威城附近伦特庄园的一个农庄里。他的父亲曾经受过高等教育，母亲善良贤惠，为这个家庭生了12个孩子，其中3个夭折了，只有9个长大成人。在这个家里，西门子是实际的长子。在那个时候，家里生活并不富裕，但西门子的父

西门子——学习、努力、向前

亲并没有放松对儿女的教育，始终坚持让他们学习知识。11岁时，西门子本应进入一所市立中学读书，父亲想让孩子们接受正规的教育，但因为学校实在离家太远，而儿女们又太小，只好聘请了一位家庭教师。这位教师是一名还在神学院上学的大学生。这使得西门子的幼年生活发生了本质的转变，这位老师睿智宽和，懂得孩子们的心理状态，善于培养他们的责任感和积极性，因此他也

很受孩子们的喜爱。在他的努力下，西门子和他的兄弟姐妹们从学习中感受到了无穷的乐趣，这就让他们不需要别人的监督，而是很自觉地去学习。尤其是西门子，肩负长子的重任，更是刻苦学习，有时甚至读书读到很晚，只有父亲出来阻止才会结束。

慢慢地，孩子们都长大了，父亲把西门子和他的兄弟汉斯送到了卡特琳中学学习。一段时间后，他们经过考试，分别考入了该校的五年级和四年级。这所中学的主要课程是古代文学，虽然西门子对古典作家的作品很感兴趣，但对枯燥的语法却十分厌倦。他喜爱算术和科学，对一切与数有关的东西都特别敏感和上心。于是，到七年级时，他便不再学习希腊文，而是请别人教他数学和大地测量，这为以后他进入柏林建筑学校打下了基础，也养成了严谨、细致、一丝不苟的品性。

有句话叫作"穷人的孩子早当家"，虽然西门子还没有毕业，但他已经开始考虑怎样为家人分忧了。他决定转学建筑专业，因为在当时这是唯一的技术专业。为了能顺利考取柏林建筑学院，以后成为一名建筑师，他刻苦学习数学等课程，然而，建筑学院里高昂的学费是他的家庭难以承受的。这时，一位老师告诉他，他可以参加普鲁士王国的炮兵工程学校，在那里他可以学到同样的知识，还能省下不小的费用。就这样，西门子听取了老师的建议，进入了炮兵工程学校。

曲折的求学过程，并没有令他放弃求学的意志，相反，令他更坚定地迈向未来。学习、努力、向前，这是他的风格，也成就了未来西门子品牌的风格。

洛克菲勒——抓住但不依赖运气

在1839年7月8日这天，纽约州哈德逊河畔的一个小镇上，一个小男孩呱呱坠地，可谁也不曾想到，日后他竟然成了美国著名实业家、超级资本家，美孚石油公司（标准石油）的创办人，美国历史上第一位亿万富翁，他就是约翰·洛克菲勒。他常说："命运给予我们的不是失望之酒，而是机会之杯。"

和出生在贫困家庭的众多孩子一样，小洛克菲勒调皮捣蛋，常常逃学，又很争强好胜。但与其他伙伴不同之处在于，他善于发现财富机会。他把从垃圾里捡来的玩具车修好让伙伴们玩耍，向每个玩的人收取0.5美分，不到一星期，他就用赚来的钱买了一辆新的玩具车。他还没读完高中就退学了，放弃了去读大学的机会而做了一名小商贩。他卖过电池、五金、柠檬水，每一样都经营得心应手。但真正使他从一名小商贩变成一名真正的商人的，却是一批丝绸。

有一天，当洛克菲勒在他常去的一家地下酒吧喝酒，无意中听到邻桌的几个海员在讨论如何处理一批丝绸。原来这批数量足有一吨多的丝绸来自日本，但在运输过程中遭遇风暴，被染料浸染了，想出售但没人想买，想运出港口扔掉，又怕被有关环境部门责罚。因此，如何处理这批丝

洛克菲勒——爱财富，更爱慈善

绸令他们很头疼。真是说者无意，听者有心。当时洛克菲勒就觉得机会来了。于是，第二天，他就租了一辆卡车来到船只停泊的港口，对船长说，他可以帮他们把这批丝绸不计报酬地处理掉。就这样，他没有付出任何代价就拥有了这一批丝绸。他又把这批被染料浸染的丝绸制作成了各种迷彩的衣服、帽子和领带，并低价销售。几乎一夜之间，他拥有了10万美元的财富。

洛克菲勒对金钱的执着到了"小气"与精打细算的程度。虽说他是一位亿万富翁，但平常生活却是异常节俭，出行方式甚至要选择坐公交。有一次，他向秘书借了一角钱，并说："你一定要记得提醒我还钱，我怕我忘记了。"秘书笑答："没关系的，就一毛钱而已。"洛克菲勒听了正色道："怎么能说没什么呢，把一块钱存入银行得整整两年才能获得一毛钱利息啊。"就这样一位"一毛不拔"的亿万富翁，却在捐赠时"千金散尽"，这使他成为全球最大慈善组织的创建者。

执着于机遇，执着于财富，执着于慈善，这就是洛克菲勒——超级实业家的全部人生。

安德鲁·卡内基——贫民窟的钢铁少年

在19世纪的美国，如果问谁能与"汽车大王"福特和"石油大王"洛克菲勒并驾齐驱，那一定是安德鲁·卡内基，一个出身于美国贫民窟的"钢铁大王"。

1835年的冬天，卡内基出生在苏格兰的古都丹弗姆林，他的父亲以纺织为生，而母亲以缝鞋为副业贴补生活。安德鲁·卡内基是以他的祖父命名的。也许是传承了祖父政治家的血液，卡内基从小就能言善辩，乐观进取，每天都早早起来帮家里挑水，干完活才吃饭上学，是一个颇为懂事的孩子。卡内基8岁那年，英国的工业革命浪潮席卷了整个苏格兰，新兴的蒸汽织布机极大地冲击了传统的手工纺织业，这也让卡内基一家人的生活陷入了窘境。俗话说，祸不单行，福不双至，紧接着发生的欧洲大饥荒和英国经济危机，更是让卡内基一家的生活难以维持，不得不举家投奔远在美国匹兹堡的两位姨妈。来到美国之后，为了减轻家里的

卡内基——努力追求，一定能成功

负担，卡内基找到了一份纺织厂的工作，每周的薪水也只有一美元两角。

在卡内基14岁的一天夜里，姨夫告诉他，市里一家电报公司需要一个送电报的伙计，他忽然感觉到，他的好运气来了。第二天一大早，他西装革履，随父亲一起来到这家电报公司。走到门口时，他停下来对父亲说："父亲，我想一个人去，您就在外面等着我吧。"原来，他怕和父亲一起进去，给人家造成他身材矮小年龄太幼的印象，甚至怕父亲不得体的言行冲撞了公司老板，反而让他丧失大好的机会，这才决定一个人面试的。见到这位身材矮小的少年，公司老板略有失望，问："市里的街道，你熟吗？"卡内基诚恳又淡定地说："先生，不是很熟，但我保证在一星期之内熟悉匹兹堡所有的街道，而且别看我个子小，但我跑得快，请您放心。"就这样，卡内基用自信赢得了老板的青睐，顺利得到了这份周薪为2.5美元的工作。

后来的一个星期，卡内基履行了他的诺言，认真地摸清了市里的每一条街道。两周之后，就连郊区的路线也做到了了如指掌。而他做起事来的勤快和聪明，更是得到了公司的一致认可，一年后他升任信差的主管。有一次，老板将

他单独叫进办公室，并说："小伙子，你很能干，以后我要给你单独加薪。"

卡内基得到了13.5美元。对一个年仅15岁的穷苦孩子来说，这是笔巨款，也是他人生的第一次腾飞。他更树立了做大事的信心，只要努力追求，就一定能实现！

后来的卡内基，终于实现了童年的梦想，和弟弟一起创立了卡内基兄弟公司，攀上了自己事业的巅峰，成了钢铁大亨。

 ## 本杰明·富兰克林——从牙缝里省钱买书

是否有人知道，在百元美钞上的人物头像是谁呢？了解美国的人一定都会明白，他就是本杰明·富兰克林，一个拥有众多头衔的人物，发明家、作家、科学家、外交家、哲学家等。他出身并不显赫，家庭也不富裕，但凭着自己对学习的热爱，对科技的追求，对真理的执着，还有自己不屈不挠的努力，赢得了整个美国。

有一句话陪伴了富兰克林的一生，那就是："诚实和勤勉，应该成为我们每个人永久的伴侣。"1706年初，富兰克林出生于波士顿的一个普通家庭，他的父亲是一位油漆匠，主要以制造蜡烛和肥皂为生，共有17个孩子，而富兰克林是第15个。8岁，他开始上学，虽然成绩很好，但因为家里孩子太多，父亲根本无力承担他的学习费用，因此，10岁，他离开了学校，回家帮父亲制作蜡烛。富兰克林一生中只读了这两年书。到了12岁，他去哥哥詹姆士的印刷店里帮工，在这儿工作了近十年。而他的自学从未停止过，经常从自己的生活费里省下钱去买书。他甚至使出种种手段讨好认识的几家书店学徒，这样，他晚上就可以把书偷偷地借出来看，早上再还回去。在这段时期，他读了很多书，内容涵盖工程技术、自然科学、文学作品等。

富兰克林在哥哥印刷店里的这段时间是快乐的。有一次，他哥哥出版的《新英格兰周报》引起了富兰克林极大的兴趣。他常常把自己写好的文章署上化名偷偷插进印刷店的门缝里投稿，当后来他听到那些专业人员对他文章的好评后，暗自高兴。就这样，他乐此不疲，

富兰克林——诚实和勤勉，应该成为我们每个人永久的伴侣。

先后写了很多文章匿名投稿。16岁时，他模仿英国文学期刊《旁观者》上的文章，逐渐形成了自己的独特文风，并给自己起了一个很有戏剧性的名字"寂寞的行善者"，以此名先后发表过14篇短文。很多读者都以为作者是个孤独的有道德的年长者，没想到是个自学成才的年轻人。在55年后，富兰克林在自己的自传中才向世人道出了这个秘密。20岁时，富兰克林在返回费城的途中，写下了自己的未来计划，坚持以"诚实、节俭、勤奋和得体"作为人生的座右铭。再后来，他和一名学徒一起创办了一家印刷所，出版《宾夕法尼亚报》，获得了巨大成功，这也让印刷所的业务蒸蒸日上。后来，富兰克林相继出版了美国的第一本医学著作、美国的第一本小说。

富兰克林的成功与他那种节俭刻苦、奋力读书、不断前进的精神是分不开的，这也正是他影响美国人民的原因所在。

贾尼尼——聪明的小银行家

阿马迪·贾尼尼这个名字或许并不是太为人们所了解，但只要提到美洲银行，大家却一定会非常熟悉，因为那是美国第三大银行，资产总量仅次于花旗和摩根，在20世纪四五十年代，它还是美国的第一大商业银行，第一家为普通老百姓服务的银行，而它的创立者，正是富有传奇色彩的贾尼尼。由于贾尼尼在银行业里的卓越贡献，大家都把他称为"现代银行业之父"，今天的我们也许早已习惯了去银行办理各种业务，但却很少有人想过，如果没有他在银行领域发起的革命，银行业务对普通老百姓来说，还真是个奢侈品。

1870年5月，阿马迪·贾尼尼出生在美国加州的一个普通家庭里，他的父母是意大利移民。最初，他们家经营旅馆业，但由于生意不是太好，便卖掉了旅馆，转而买了40亩地当起了小农场主，虽然生活比较辛苦，但家庭团结、其乐融融。在贾尼尼8岁的时候，有一天，和他同村的一位葡萄农户，由于还不了他父亲的一美元贷款，父亲竟然开枪打死了这位农户，父亲也因此犯下了罪过。这给贾尼尼幼小的心灵留下了挥之不去的创伤。这便是为什么他在进入银行业后坚决反对放高利贷的原因。

父亲入狱后，家计落到了母亲肩上，贾尼尼的母亲是个非常坚强的女人，她一个人不仅要照顾三个孩子，还要忙果园里的事，一段时间后，她又改嫁，把果园和房子卖掉，把全家搬到圣诺耶镇上去住。后来到了贾尼尼12岁时，家里才在旧金山买下房子，开起了一家商行，销售一些蔬菜和水果。因为他不怕吃苦，待人真诚，聪明机灵，便很快成为继父在店里的好帮手。有一天，他向继父建议说："听说现在市场里的橙子和柚子卖得很好，我打听过了，圣阿娜那里的这两种东西特别好，不如我们进些回来？"他的继父听了后吃惊地说："天啊！那里离我们实在是太远了，傻子才会去买的。"但贾尼尼坚持说："那里人口少，东西多，东西就自然会便宜。虽然我们跑了远路，但在我们这里会卖很好的价钱，一定能让我们大赚一笔的。"就这样，继父将信将疑地买了一部分回来，没想到

贾尼尼——执着追求，为农民创富

正如贾尼尼预料的那样，这两样水果卖得非常好，这让继父非常高兴。此后一段时间里，原本在加州地区很少见到的橙子和柚子被大量引种，反而成了这里的特产水果。这些都是贾尼尼的功劳。

取得成功的贾尼尼并不满足现状，他想把生意做得更大，为了减少中间费用，降低货源成本，他亲自去农户家里收购果蔬。在他们还没有采收之前，贾尼尼就和农户订立好合同，虽然需要支付一部分定金，但和商贩给的价钱比起来，还是很划算，这对他和农户们来说，是一个双赢的结果。当时，只有19岁的贾尼尼被人们称为商业中的鬼才。但是，赚钱并不是他的目的，父亲和邻居的悲剧一直萦绕在他的脑海里，此后，他提出了"农民银行"的想法，因为他深知农民的困难。很多人为了买到农具和种子，不得不用农田做抵押，还得向别人借高利贷。由此，他想出了向农户提供贷款的想法，不收利息，只通过贷款的方式来换取下一次果蔬收获时的买卖合同，这便是"农民银行"的雏形，也是美洲银行的前身。

贾尼尼成功了，这和他的经历与执着的追求不无关系，不得不说这正是他获得成功的巨大财富。

摩根——咖啡罐里的银行家

　　约翰·皮尔庞特·摩根，一位伟大的银行家和艺术收藏者，曾极力促成了通用电气公司合并，后组建美国钢铁公司，不得不说是全美甚至全世界公认的商业奇才。而他的童年生活，也有很多亮点在启示大家：成功并非偶然！

　　1837年的4月，摩根出生于美国康涅狄格州的一个有钱人家庭，他从小就显露了超群的商业才能，而在投资方面更是具备常人不可想象的洞察力。他曾经大量收购铁路，实施他的摩根制度，还通过摩根模式掌握了美国当年的大部分工矿企业，几乎把美国企业的四分之一资本揽入囊中。他不但利用资本掌握了很多美国的重要部门，甚至利用规模巨大的资本对其他国家放债，包括墨西哥、阿根廷、英国、法国，可见摩根的力量有多么强大。

摩根——成功，来自敏锐的洞察力

　　摩根的祖父约瑟夫和父亲老摩根，在经商领域都非常成功。或许正是在这样的家庭环境下，摩根自小就被商业气息熏陶着，年轻的他很有想法和抱负，到处游历，了解风土人情，因此，见识广博。不仅如此，他的商业冒险精神也令人惊叹。有一次，摩根到新奥尔良去旅行，他怀着激动的心情走过浪漫的街道，来到喧闹的码头边上。忽然有一个素不相识的人从他背后拍了下他，说道："您好，先生，要点咖啡吗？"这人自称是专做咖啡生意的货船船长，经常往返于美国和巴西之间，受人所托从巴西运来了一大批咖啡，没想到美国这边的买家破产了，只好自己销售起来。可是他作为一名船长，还有别的航行任务，为了能尽快把这批咖啡卖掉，他情愿用一半的价钱卖出。这位船长观察到摩根讲究的衣着和贵族的派头，便决心跟他做生意，没想到摩根看了看货，考虑了一下便同意买下了。他高兴地带着样品咖啡到新奥尔良的所有跟父亲有关系的客户那里后，大家都劝他小心点，咖啡的价格虽然很便宜，但船上的咖啡是不是和样品一样就不一定了。但根据摩根的观察，那位船长是个可以信赖的人，而且他知道当年巴西天气不是很好，有可能导致咖啡减产，就这样，他便把事情告诉了父亲，没想到父亲极力支持他的行为。摩根的自信没有错，船上的咖啡全是优质的。当年，巴西的咖啡果然因天寒减少了产量，价格一路猛涨，这让摩根赚得盆满钵溢。

摩根的自信，来自他敏锐的洞察力和判断力，来自他的广泛学习。爱学习，善观察，有自信，会为我们带来意想不到的财富。

 ## 彼得·林奇——爱学习的小球童

有一个人，他被称为华尔街股票市场的敛财巨头，投资回报率甚至能达到2500%，他就是畅销书《战胜华尔街》和《学以致富》的作者彼得·林奇。同时，他还是麦哲伦基金的创始人，在他的身上，实在是有太多的故事。

1944年1月，彼得·林奇出生在美国一个富裕的波士顿家庭，父亲曾在波士顿学院里当数学教授，后来辞去了工作，做了一名高级审计师。但很不幸，

彼得·林奇——任何地方，都能学习

他在彼得·林奇10岁的时候便因病去世了，从此整个家庭便陷入了困境。为了节省开支，家人省吃俭用，林奇也从之前的私立学校转入公立学校上学，在课余时间还外出打工赚取生活费。在11岁时，他去一家高尔夫球场当球童，这对他来说是一份很好的工作，因为可以赚取比报童更多的收入。高尔夫球场这种场合，一直都是政商界中各种名人大腕聚集的地方，可谓"谈笑有鸿儒，往来无白丁"。跟其他球童不一样的是，彼得·林奇不仅仅是捡球，还很注意学习聆听，他常常认真地听别人的谈话，尤其是对那些关于金融方面的谈话，他表现出极大的兴趣，每一字，每一句，几乎是过耳不忘，这大概算是他在股票市场的早期学习了。通过对不同人的不同观点进行比较，他更能站在更客观、更理性、更高、更广泛的角度去思考问题。可以说，每经过球手们的一轮运动，他就能免费听一堂课，这对他日后的发展是很有帮助的。

在当时的美国，虽然经济比较发达，但人们的意识还是比较保守。尤其是经过了20世纪30年代的大股灾之后，人们对股票业充满了怀疑，认为投资股票就像是在赌博。但经历过球童工作的林奇已经改变了自己过去类似的想法，虽然自己还没有足够的能力去投资，但他对股票市场非常看好。时间一天一天地过去，彼得·林奇就这样一边工作一边读书地完成了自己的中学学业，顺利考上了大学。甚至在大学期间，他都不曾放弃球童的工作，还因此获得了一份球童奖学金。大学里的经历对林奇来说是影响深远的。为了能获得更多的财富，他开始研究股票，希望能找出股票里的黄金，从而像高尔夫球场上的球手一样取得成功。由于课余时间做球童，他赚取的收入跟奖学金加在一起，已经是一个不小的数字，他打算用这笔钱做股票投资。不可思议的是，初试牛刀的他只用了1250美元的初始资金就为自己赚取了足够读完研究生的费用。在暑假时，他还进入富达公司——一家当时世界上最大的投资基金管理公司去实习。在这里，他明白了真正的股票市场和学校里的理论是有很多不同的，这让他更加注重对实际股票市场的观察和研究，并在真正的股票世界里翻云覆雨，常胜不败，成就了一个个投资神话。

彼得·林奇的故事告诉我们，在任何时候，任何地方，都有值得我们用心学习的东西，只要我们不断地培养各种兴趣和勤于观察，就一定能收获自己期望的人生财富。

桑迪·威尔——从"胆小鬼"到CEO

花旗集团，是美国首屈一指的超级财团。桑迪·威尔，花旗集团董事会主席，是一位睿智达观的人，常常妙语连珠，但谁知道，他小时候可是一个连话都不敢说的胆小鬼。

桑迪·威尔，1933年3月16日出生于美国纽约的布鲁克林。小时候的他很害羞，成绩也中等，由于性格过于腼腆和内向，他从不主动结交朋友，他最亲近和依赖的人是自己的保姆。每当暑假的时候，威尔一家人都会去农场度假，只有在那时，威尔会和妹妹一起在池塘里游泳、学着给奶牛挤奶、钓鱼、骑着小车在山坡上赛跑，从而度过一段美好的时光。

威尔的母亲是典型的贤妻良母——洗衣、做饭，无私地付出母爱。她天生节俭，经常为了买便宜几美分的东西走上10个街区，这个保守的女人甚至一辈

桑迪·威尔——改变性格，改变人生

子没有用过信用卡。父亲的性格与母亲恰恰相反，他热情外向、天性合群、幽默风趣，与所有人打交道都显得游刃有余。正是因为这样，威尔从小就与母亲比较亲近，与父亲比较疏远。

10岁那年，威尔一家人搬到佛罗里达，对于这次搬家，威尔感到很失落。因为这意味着他将失去最亲爱的保姆的照顾，对于他来说等于失去了另一位妈妈，但父亲说的话全家人都不能违抗。同样的，也是因为父亲的坚持，威尔在进入学校时降了一级，父亲这样做的目的是希望对他的学习有帮助。然而效果却并不明显，威尔依然是一名糟糕的学生，但他却在此时发现自己很有运动天分，他迷上了体育运动尤其是篮球。搬家不到一年，威尔开始了自己的第一份工作——送报纸，他也会将工作分给妹妹一部分并给她提成。

威尔14岁的时候，父亲决定再次搬家，因为他要回到纽约去做生意。为了使全家人住得不太挤，也为了使威尔惨不忍睹的成绩有所提升，父亲决定让他上寄宿学校。于是他进入了一所军事学校，和当时搬到佛罗里达时一样，成绩很糟糕的威尔又降了一级，而比他小三岁的妹妹却跳了一级，兄妹二人便开始学习同一级的课程。

第一年进入军事学校，原本娇生惯养的威尔没少受欺负，但他渐渐学会了接受批评，而不是提出质疑。那里对纪律和训练都有着严格的要求，在学校威尔结识了拉丁语教师兼网球教练布莱克先生夫妇，他们二人经常请威尔到他们在学校的家中吃饭，并在学习上给了他巨大的鼓励。受他们的影响，威尔的成绩进步很明显，开始在班级名列前茅，有一年甚至得了全班第一。同时，威尔尝试着参加各种课外活动，他在校报担任记者，多次代表学校参加网球比赛，甚至有机会在专业的体育馆里和一些有名的网球运动员一起训练。这些经历使威尔获得了很大的自信。他渐渐地赢得了老师和同学们的喜欢，他自信、阳光多了，再也不是当初那个胆小、内向的小男孩了。

军校的生活教会了威尔自律。毕业时，由于成绩优异，他选择进入康奈尔大学著名的工程学院。在那里，他继续奋斗。桑迪·威尔最终成为花旗集团董事会主席兼CEO。可见，一个人早期的性格并不是一成不变的，只要努力奋斗、执着追求，就会收获不一样的自己。

 ## 哈兰·山德士——肯德基大叔的微笑

今天，当我们走在大街上，远远地看到肯德基的时候，总是给人亲切、时尚、好吃等印象。而肯德基品牌的创造者，正是哈兰·山德士上校，一位永远面带微笑的大叔。他发明了著名的肯德基炸鸡，开创了肯德基快餐的连锁业务。

肯德基是当今世界上最大的炸鸡类快餐连锁公司，在全球有超过3万多家的餐厅，而肯德基那世界上最优秀、最容易识别的品牌，正是根据山德士的亲切形象设计出来的。1890年的9月里，哈兰·山德士出生在美国印第安纳州的一个农庄里，家里的条件不是太好，但总体上还过得去。不幸的是，在他6岁时，父亲去世了，只剩下母亲和三个孩子艰难地活着。为了生存，母亲只能在外打

山德士——微笑创造财富

很多零工来赚取微薄的生活费，她白天去一家食品厂削土豆皮，晚上则给别人加工衣服，根本没有时间去照顾家里的孩子们。哈兰·山德士是家里的老大，自然扛起了照顾弟弟妹妹们的重担。由于母亲白天不在家，山德士只得自己学着做饭，一年下来，他居然能做出20多道菜，还成了远近有名的烹饪高手。

12岁时，母亲再婚，继父和山德士的关系不太好，于是他把小学六年级读完后，便不得不辍学了。但家里的气氛又让他感到很压抑，他决定出去工作，给自己换个环境。他来到附近的一家农场，每天都十分辛苦，但他乐观、积极、向上，努力地工作。之后，他还换过很多工作，比如粉刷工、消防员、保险员，甚至还当过一段时间的兵。再后来，他还获得了一个函授的法学学位，这让他在堪萨斯州当过一段时间的治安维持官。他的亲切使他赢得了很多朋友。后来，他开了一家餐厅，良好的人缘、不错的味道令生意很红火。

后来，在"二战"后美国整个快餐行业不断迅速发展的大背景下，山德士吸引了一大批富有进取心的有经营管理才能的人员，这使得肯德基炸鸡以令人不可思议的速度发展起来。在那之后的五年中，肯德基的销售额每年都以惊人的96%速度增长，在1976年一度达到了两亿美元，而且能在一年内新增加1000家分店，这不能不说是一个奇迹。他也树立起了永远"微笑的"山德士大叔形象，一身白色的西装，一头白发，戴着黑色边框的眼镜，便是那永远都笑眯眯的山德士上校。

今天，在地球的许多角落，在我们中国的许多城市，我们都会看到这张熟悉而面带微笑的面孔。这好像是他在向自己曾经崎岖的人生路致敬，也在鼓励着每一个正走着崎岖人生路的人。正是他丰富的人生经历和乐观精神，才能换来当我们坐到肯德基餐厅里时的那一抹微笑。

鲁本·马特斯——冰激凌里的财富

哈根达斯，一个听了就会让人们尤其是小孩子们兴奋的名字，没错，它就是著名的美国冰激凌品牌，一个即使是手头有点紧的人也会偶尔去奢侈一次的高端冰激凌品牌。而它的研制者，正是一位美国人——鲁本·马特斯。

20世纪50年代，随着科学技术的不断发展和冷冻技术的逐渐成熟，很多冰激凌加工者能够在产品中加入更大量的防腐剂、稳定剂，这样既能延长产品的保质期，还能降低生产和经营的成本。但可惜的是，这样的冰激凌质量已经大不如以前，口味也很一般。鲁本·马特斯决心一定要生产出一种纯天然的、高质量的、没有任何添加剂的冰激凌，让人们真正享受到好品质好口味的冰激凌。但如果这样做的话，意味着他要付出更多的成本和精力，作坊里的工人们都提议他像其他人一样，在里边添加一些东西。可马特斯觉得，如果真这样做的话，就和他的梦想背道而驰，将永远和"纯天然"说再见。于是，是加抑或不加，一度给马特斯带来了巨大的烦恼。

有一天，鲁本·马特斯和几个同行朋友在一起逛街，因为当时天气很热，他们看到有几个穿着一般的孩子在一家商店的门口吃着制作粗劣的廉价冰激凌。这时候，从旁边走来了一对富人模样的夫妇，丈夫说道："去买两份冰激凌吃吧！"妇人表现出一种默契的赞同，但当她转眼看到那几个孩子吃的冰激

马斯特——永不降低标准

凌的时候，就变了卦，说了句"算了"便拉着丈夫离开了。其他朋友都愤怒地说："怎么会有这种人，穷人吃的，他们就不吃了？难道还要专门为你们富人设计一种冰激凌？"说者无心，听者有意。虽然马特斯也认为这位妇人的做法不合适，但他朋友的一句话给他带来了灵感。他想到，现在的市场上的确缺少一种高品质和好口味的冰激凌。

就这样，马特斯回到作坊后对工人们说："在我们现在的基础上，继续不计代价地提高食材的精度和质量，不管是主料还是辅料，也不管是加工过程还是原料。"听到这些话的工人们都以为他疯了，都说如果这样的话会使制作成本更高，让自己的产品更没有价格优势。但马特斯坚定地认为，现在的市场上正是缺少了一种与众不同的冰激凌，他就是要让自己的产品显得与众不同。就这样，半年之后，他推出了香草、巧克力和咖啡等口味的高档冰激凌，主要供给那些高级商店和餐厅，没想到销售情况非常好。此后不久，马特斯便给自己的产品命名为"哈根达斯"，以高质量高品位的姿态出现在了市场上。事实证明，马特斯的决策是正确的。

马特斯成功了，很多年之后，他的朋友曾问他是怎样做出这个决策的时候，他说："其实很容易，当时我们一起见到的那位妇人的做法确实不好，但大家都只看到了不好的一面，而我却看到了创造财富的机遇！"

成功是执着，执着就是永不降低自己的标准。马特斯在冰激凌里找到了创造财富的机遇，这正是他执着于高品质的应得回报。

迪士尼——和老鼠做好朋友

不论大人小孩，都喜欢去游乐场所，尽情地放松。有那么一个乐园，它把所有的梦想和欢乐都囊括在内，在这个乐园里，不再是只有小孩子玩耍，父母无聊地陪着看，而是一家人其乐融融、共同休闲享受美好时光。这就是迪士尼游乐园。在这里，你可以实现自己各种玩乐的梦想，可以尽情地玩，尽情地笑。闻名遐迩的迪士尼，它的创始人就是华特·伊利亚斯·迪士尼，一个与米老鼠与唐老鸭做朋友的人。

具有"米老鼠之父"头衔的华特是个不折不扣的顽童。在华特5岁时，全家搬到了一个名叫仙鹤农场的地方居住。正是在这个农场里，他度过了影响其一生的幸福童年时光。小华特的童年伙伴是一群动物。在农场里，他养了自己喜欢的鸡、鸭、猪，其中有一只猪是他最为要好的朋友，他给它取名为"波克"。每天，他同这些伙伴嬉戏、打闹。另外，他还有一项爱好便是画漫画。也许正是和小动物们亲密的相处，给了华特源源不断的漫画灵感，为他后来成长为一名举世闻名的动画大师奠定了基础。

在米老鼠诞生之前，华特曾经创作过很受观众欢迎的长耳朵卡通兔形象，后来，

华特——财富来自生活中的点点滴滴

他又在苦思冥想，如何创作一个更加可爱的卡通形象。他和他的创作团队把长耳兔画在纸上，然后开始不断的修改润色，把长长的耳朵变得圆圆的，给衣服加上纽扣，给大脚穿上花色的鞋子，给双手戴上可爱的手套，再来一条黑溜溜的可爱的尾巴……不一会儿，一只聪明机灵的老鼠形象就跃然纸上了，令人们眼前一亮。按常规来说，老鼠都不被人们喜欢，但是这只卡通鼠的形象生动鲜明，令人一见就忍不住喜欢它。于是，华特大胆地采用了这只鼠形象，还起了一个好听可爱的名字——米老鼠。这就是米老鼠的诞生过程！这离不开他大胆的创新想象，更离不开内心那无限的童趣童乐。

在他不断的创作下，越来越多鲜活的卡通形象使人们眼前一亮，白雪公主与七个小矮人、狐狸和猎狗、三只小猪等。华特把自己内心的快乐和梦想在带给人们的同时，也推动了动画片制作事业的长足发展。

正是生活中鲜活的点点滴滴，给了华特不断创作的灵感；正是心中的梦想，令他不断产生新的创意，给全世界人们的生活带来了欢乐。

迈克尔·艾森纳——站在街边的狂想家

迈克尔·艾森纳，人称"生存之王"，在他成为迪士尼公司董事长的时候，已是派拉蒙的总裁了，没人搞清楚他为什么在1984年走进深陷困境的迪士尼，但他确实重新扶起了迪士尼这个童话王国。

迈克尔·艾森纳，1942年出生于纽约州奇斯科山市，他有一个哥哥，他的祖父曾经创建了美国安全剃刀公司，退休后将其出售，他的父亲是一位成功的律师，父亲的收入，再加上当年出售剃刀公司所得，足以让迈克尔生活在环境幽雅的公园大道富人区。

迈克尔从小就是个独特的孩子，他最喜欢做的事情就是站在自家窗前观察街上过往的行人，并充分利用自己的想象力将他们想象得极富戏剧性。例如当他看到一对正在交谈的情侣，他会将他们想象成小偷甚至间谍。迈克尔的母亲经常因为儿子的这种想象力而伤透脑筋，

迈克尔·艾森纳——成功就是狂想曲

然而她当时并不知道，正是由于他非同寻常的想象力、热爱冒险的天性以及对各色人物非凡的洞察力，使他在日后的工作中能够平步青云。此外，父亲经常会在晚餐桌上讨论一些商业话题，并且允许迈克尔参与到讨论中去。这个聪明的孩子便把握机会悉心倾听、虚心请教，在这种来自家庭的商业熏陶下，迈克尔学到了经济学中的许多知识。

在大学期间，迈克尔发现自己最感兴趣的是娱乐节目。在排练校园戏剧的过程中，他常常会被后台宽松愉悦的气氛所感染。同时，他也喜欢和其他人员讨论一些极富创意的构思，并将它们运用在戏剧中。从那时起，他就决定要与这些富有创造性的人一起工作，因为那样会使自己几乎没有烦恼。

迈克尔在工作中细心观察，很快便积累了大量的工作经验。同时，迈克尔发现公司的电视节目过于单调与老套，不够贴近时代，也没有反映年轻人的生活方式，于是他不断地提出问题，并源源不断地送来建议。很快，这个富于进取意识的年轻人便引起了公司管理层的注意，他们决定采纳他充满想象力的主

意。于是，在进入公司仅两年之后，迈克尔就被提升至公司副总裁的职位，而此时的他只有27岁。他成了好莱坞最年轻的杰出人物之一。

1984年，迈克尔临危受命，成为沃尔特·迪士尼制作公司的董事长，两年后，便使公司起死回生、利润翻番，成为迪士尼名副其实的"男主人"。这个儿时站在街边的狂想家，把自己的狂想送给了全世界。但不论何时，他都喜爱儿童，喜爱狂想。在他看来，世界就是狂想，成功就是狂想曲。

大卫·格芬——人生就是争取活下来

大卫·格芬，好莱坞的音乐教父。他出生成长于布鲁克林的巴勒公园一带，他和弟弟以及父母住在一间一居室的单元房里，全家人都靠母亲做裁缝所得的微薄收入艰难度日，他的父亲长期没有工作，在格芬18岁那年他就去世了。后来，母亲开设了自己的女性内衣用品商店，家中的生活才稍有改善。

格芬从小是在邻居的粗暴言行中长大的，他经常被邻居的孩子取笑和殴打，多亏母亲给他安慰与鼓励。她经常说："你不许报复别人，你要做的事就是争取活下来！"她希望格芬成为一名医生或律师，而格芬却缺少成为医生或律师必备的纪律约束能力。在母亲的小裁缝店里，格芬开始通过观察母亲与顾客和供应商谈事务了解做生意这一行，他懂得了做生意的第一步是了解顾客想要什么，怎样满足顾客的需求。

格芬在童年时就表现出了自己对电影的极大爱好，当大多数小孩去运动或玩游戏的时候，格芬却用大量的时间看电影和读周刊。他为电影所着迷，为银幕上的人物所激动。除了电影，金钱是格芬脑子里的另一样东西，他认为那是摆脱贫困和获得尊敬的方法，他只是暂时无法得到，但他必须去追求。

大卫·格芬——成功，为自己而活着

高中毕业后，格芬进入布鲁克林大学，在此期间，他经常去加利福尼亚大学洛杉矶分校的法律学院拜访他的弟弟米切尔，米切尔涉足娱乐产业令格芬着迷。随后，米切尔介绍格芬在一部电影中扮演了一个小角色，这使得格芬对好莱坞的兴趣更加浓烈。无心向学的格芬从布鲁克林大学辍学，并找到一份在电影院担任引座员的工作，却在不久后因"太爱管闲事"而被辞退。

失业后，格芬想在娱乐行业找些事做。他谎称自己是大学毕业生并找到了一份每周薪水为55美元的邮件收发室的工作，在收发室干了一年后，因为勤谨，格芬升职为代理商的秘书，不久后又升为代理商的助理。他觉得最成功的人就是那些把有才华的人带到中介处的人，而当他自己成为一名代理时，他已经与许多艺人签订了唱片合同。随后，他与歌手兼作曲家劳拉·尼罗共同组建了一家音乐制作公司——金枪鱼音乐公司。在他26岁那年，他以490万美元的价格将金枪鱼音乐公司卖给了CBS公司，自己分得了250万美元。一年后，他独自成立了"庇护所"唱片公司，这对他来说是一个挑战，因为他签约的明星许多人都性格孤僻，想法奇特，但格芬鼓励他们说出自己的想法并按照自己的直觉做事。这让明星们对他感激备至，甚至引以为知己。但在格芬看来，他只不过是做他母亲当年做过的事，就是鼓励这些大明星以自己的方式活下来。

经营自己的唱片公司，格芬每天都要工作18个小时。为了节约时间，他甚至干脆把床放在办公室里。后来，格芬以700万美元将"庇护所"唱片公司卖给

了华纳传播公司，自己则前往耶鲁和加利福尼亚大学洛杉矶分校授课。不幸的是，一年后格芬被确诊患了癌症，尽管在四年后发现是误诊，但这却让格芬学会了真正为自己而活。虽然，他的个人净资产达到了230亿美元，但在他看来，人生就是执着，就是争取活下来，成功只不过是争取活得更好！

 ## 泰德·特纳——从坏小子到"电视猛虎"

泰德·特纳，美国传媒巨头，全球第一个专门新闻频道有线电视创始人。这样一位伟大的新闻传媒大亨，小时候却是一位问题少年。

泰德·特纳，1938年11月19日出生于俄亥俄州的辛辛那提市。他还有一个小他三岁的妹妹，他的父亲是一个自我约束极严的人，有着强烈的成功欲望。他从路牌广告业务起家，经营着一家大型的广告公司，专门出售美国高速公路、国家公路和城市道路上的大型路牌的广告位置。

泰德的童年和青年时期受父亲的影响很深，父亲不断地向他灌输成功的重要性。在他很小的时候，父亲就经常严肃地和他探讨未来，探讨取得成功需要哪些必备要素。泰德13岁那年，父亲把他送进一所军事学校读五年级，由于他入学的时候学校已经开课六周，因此他需要尽快补上所有落下的功课，这对他来说并不是一件容易的事情。在学校中，泰德觉得使其他同学信服自己的方法就是使自己变得很厉害，于是他开始用拳头征服他们，结果他不仅很快就以不怕打架出名，而且从没有过失败的战绩。

泰德从五年级起到高中毕业一直是住校生，但即使是在节假日和寒暑假回家期间，父亲也给他定下了非常高的标准。例如他要求泰德每两天就要读一本书，如果泰德做不到，就要面临挨打的危险。好在泰德并不反感阅读，他尤其喜欢读描写战斗英雄的书，以及古希腊、古罗马英雄的传奇故事，通过阅读一些海上传奇故事。泰德对航海产生了浓厚的兴趣。他参加过很多航海活动和比赛，他总是表现出不同凡响的勇者风范，他甚至因为屡次翻船事故而获得了"翻船小子"的绰号。同时，他也喜欢写诗、打猎和制作动物标本。虽然家庭生活富裕。但父亲还是

泰德·特纳——重新定义新闻

要求泰德在家里干大量的家务以赚取零花钱。在泰德长大一些以后，他甚至在泰德回家期间向他收取房租，为了维持爱好，泰德不得不自己想办法挣钱。在他高中毕业时，他买了一艘小小的帆船，而父亲只"资助"了他很少的一部分钱，其余的部分都是泰德自己打工赚来的，这笔开支几乎用光了他的全部积蓄。

进入大学后，泰德表现得更加争强好胜，一年级时，他参加了学校几乎所有的帆船比赛，并且每战必胜。二年级时，他因在宿舍参加饮酒聚会而被校方处罚休学半年。当他再次回到校园，正巧赶上选择专业，由于对童年时读过的古代传奇故事念念不忘，他选择了古典文学专业。父亲被他的选择震惊了，这位成功的商人希望儿子得到"有用的"教育，他无法想象花三年时间研究那些几千年前写成的诗歌对于成为一名商人能有什么帮助。于是，他写了一封长长的信给儿子，痛斥了儿子的选择，并要求他立刻转专业。虽然迫于父亲的压力，泰德把专业转为了经济学，但叛逆的他不断地违反校规，终于被勒令退学。然而当他回到家里，等待他的却是严峻的现实：妹妹因为患上了红斑狼疮而去世，几乎同一时间父母离婚，他必须跟随父亲生活；几年后，父亲因为

生意失败，在书房举枪自尽。这一系列的打击使昔日的"坏小子"终于清醒过来，他全面接手父亲的公司，并朝着自己的新梦想出发。1980年，他创办了全新的有线电视频道——CNN。他将"新闻"重新定义，即正在发生的事，使"地球村"得以实现。

为了CNN，他曾经多次濒临破产。有人这么评价他和他的事业："他很清楚，终于有一天，自己会退出历史的舞台，但他绝不希望作为一个贪恶的企业家离开这个世界。"

 ## 大卫·科波菲尔——魔术创造理想

大卫·科波菲尔，技艺高超的魔术师，他令人惊讶和赞叹的绝技表演包括使自由女神像消失、从阿尔卡特拉监狱逃走、空中横跨大峡谷等。这些使他成为美国第七位报酬最高的专业演员，年收入达到了4500万美元。

科波菲尔成长于新泽西州，自小家庭贫困，作为独子的他不得不与父母睡在一套公寓的同一间房子里。直到后来，他的父亲开了一家服装店，家里的生活才稍有改善。8岁那年，他的祖父教给他第一套魔术。10岁时他就开始演出并不断提高自己的演出技巧，穷人的孩子早当家，小科波菲尔把魔术当作是一个处境困难的孩子得到公众认可、赚钱糊口的有效途径。12岁时，他开始作为一个口技艺人进行非正式演出并在生日宴会上表演魔术小节目，每场表演的报酬是5美元，他对观众惊奇的反应感到很高兴。

高中毕业后，科波菲尔进入福德姆大学，但他经常偷偷溜进百老汇表演场，引座员注意到科波菲尔在一次观看表演时竟给了一位著名的魔术师一点指点。与此同时，科波菲尔开始出没于全国最大的魔术商店——纽约的坦嫩商店，而且被美国魔术家协会接纳为年龄最小的会员，晚上在纽约大学教授魔术。同年，他在《剧艺报》做广告时引起了观众的注

科波菲尔——成功就是成就他人的欢乐

意，随后受邀在轰动一时的芝加哥音乐剧《魔术师》中扮演主角，这成为他人生的转折点。三周后，他从福德姆大学退学了。尽管是个肄业生，但由于他在HS电影制片厂学习过表演，因此福德姆大学授予他名誉博士学位并请他在学位授予典礼上发表了演说，这无疑给了他自尊和自信。

可以全身心投入魔术事业了，科波菲尔开始积极投身工作。他常常需要花一整天的时间在魔术仓库里拍摄商业广告，接下来还需要录制节目、参加媒体见面会、进行演出等。在魔术表演的过程中，每个魔术师都承担着很大的风险，科波菲尔也不例外。他曾在新泽西州的一次表演中不小心削掉了自己的手指尖，幸亏及时被送往医院，将它缝了上去。

在工作方面，科波菲尔也是极具智慧的。他让自己的年度电视特别节目在巡回演出之前播出去，以预先引起人们的兴趣，增加观众；在巡回演出中，他每天至少演两场，并将票价分为不同的档次，以便使更多的观众可以观看演出，这使销售额增加了一倍；为了使自己的魔术绝对保密，他不仅要求工作人员签订了合同不准泄密，而且将魔术拆分成细小的部分包给其他人去做，以保证万无一失。

在科波菲尔看来，魔术是他的理想，但并非终极理想，成就他人的欢乐，才是他努力追求的东西，为了所有人的梦和欢乐，他不断追求，永不停止。

松下幸之助——不畏拒绝的"小矮人"

松下幸之助，一位被日本国民称为"经营之神"的企业家，创办了鼎鼎有名的跨国公司——松下电器。

幼年时代的松下幸之助，只读过四年的小学，由于父亲生意不成功，他不得不离家去外地当学徒，卖过自行车，也学过电器。为了维持生计，他曾去一家挺大的电器公司应聘，面试官见他又瘦又小，衣服又脏又破，就婉言谢绝了他，并说："我们公司现在不招人，一个月过后你再来看看吧！"就这样，他回去了。一个月之后，他又来到这家公司，面试官又推脱说有事，让他等几天再说。可过了几天，他真的又来了，如此反复了好几次，面试官不得不说了实话："瞧你这么脏，是怎么也进不了我们公司的。"他就马上回去借钱买来一套新衣服穿上，又去了公司。面试官见他这么老实，就说："有关电器一类的知识，你懂得太少了，所以我们还是不能用你。"面试官哪里知道，两个月之后，松下幸之助又来了，他说："关于电器，我已经学了很多这方面的知识，您看我哪里还需要提高，我一定会一项一项地学习。"面试官

松下幸之助——成功要敢于经历挫折

无语，看着眼前这位诚恳的"小矮人"，说道："我做这一行这么多年，见你这样找工作的还是第一次！你的耐心和韧性，真是太让我佩服了！"就这样，他的执着终于打动了面试官，得以在这家公司工作。

松下幸之助靠自己的不断打拼，终于创立了松下电器公司。在用人方面，他也十分重视员工的坚韧度。有一次，公司计划招聘一批推销员，招聘由笔试和面试两部分组成，计划招聘10个人，但应聘的人就有百人之多，可见竞争的激烈程度。一个星期后，公司选出了这10个人，但令松下意外的是，在面试时就表现非常好的神田三郎并没有被录取，他于是立即让人去复查考试的统计结果。通过复查，才发现神田三郎的成绩其实非常不错，排在几百个人里面的第二名，是统计出了问题才造成这样的结果。松下立刻让手下纠正了错误，并尽快把通知书送交神田三郎。谁能想到，神田因为没有拿到通知书，竟然自杀了。有人感叹说："如此一个有才华的人，这样子真是可惜了。"听了这句话，松下幸之助却摇着头说："不，我们没有录取他是正确的。这样一个连挫折都不敢面对的人，怎么可能把销售工作做好！"

 本田宗一郎——从最初的梦想出发

在今天，几乎没有人不知道"本田"这两个字。从奔跑在世界各个角落的本田摩托车到本田汽车，它们不仅仅给人们带去了便利，更多的是带来了速度、激情与快乐！本田公司不仅是世界上最大的摩托车生产厂家，汽车的产量和规模也名列前茅。造就了如此辉煌成就的人，就是本田的创始人——本田宗一郎。他，虽然出身贫寒，却是一个天才发明家，是整个日本的传奇人物，被

现代工业界誉为亨利·福特以来唯一的最杰出最成功的机械工程企业家。是什么造就了这位天才式的发明家呢？是他最初的梦想一直虔诚地支持他不断前行！

本田宗一郎，出身于一个贫寒的穷苦家庭，家里有8个弟妹。作为老大的他，幼年总是特别贪玩，不爱好学习，但是在当铁匠的父亲的影响下，他对于时间观念倒是很重视。因为父亲总是说"趁热打铁"，就是只有抓住最好时机下锤，这样打出的铁才是好铁。于是，小宗一郎从小就养成了严守时间的好习惯，这对于他以后及时抓住机遇、成就事业有不可忽视的影响力。自幼就对机器特别有兴趣的他，总是调皮地去做一些奇怪的事。3岁时，他对碾米厂的发动机发出的"隆哒隆哒"的响声充满好奇，看着进去机器的是稻谷，出来了就是白花花的大米，他瞪着圆溜溜的大眼睛百看不厌。他还总是到大人们干活的地方去晃荡，捡一些乱七八糟、脏兮兮的铁屑，自己鼓捣做着些什么。

在他二年级时的一天，听说村里来了汽车，他撇下正在照看的小弟弟就一溜烟跑了出去。头一回见汽车，他感觉甚是新鲜。车走了，他还跟着汽车跑出好远，把汽油味也闻了个够，觉得这样还不够过瘾，趴在地上伸手去沾了汽油来闻。也许就在那一刻，他在自己的心中深深地埋下了将来的某一天，他也要自己造一辆汽车的梦想种子。

本田宗一郎——毕生只做一件事情

小小的宗一郎并不想一辈子都待在农村，他想去看外面的世界，想去实现自己的梦想，那颗心蠢蠢欲动。有一天，机会终于来了，在小学毕业后，他去信给一家东京的汽车修理厂应聘工作，在收到通知书后，父亲送他到东京。在东京繁华的大马路上，看着川流不息的汽车，与他上一次见真正的汽车已经相隔8年了，但是他对汽车的向往与热情不减反增。在修理厂里，他一心认真学习技术，很快掌握了汽车的全部修理技术，也懂得了经营事业管理的许多技巧。

几年后，胸怀壮志的他不再满足当一名雇工，于是回乡开始了自己的创业生涯。创业之初是艰难的，他在对车轮辐条的改进上终于取得了突破。那时，他一有时间就钻到屋子里进行实验，经过废寝忘食的研究、试验，终于研制出取代木质车轮辐条的铁制车轮辐条，获得了业界的一致好评，同时也向国家申请了专利权。本田王国迈出了第一步。

就这样，虽然只有小学文化程度，但宗一郎在艰难的社会环境中，摸爬滚打，奋力拼搏，凭借小时候最初梦想的支撑，发挥自己的创造才智，花费毕生精力，创建出了世界一流的企业。同学们，你们的梦想是什么呢？赶紧播种梦想的种子，快快出发吧！

丰田英二——摸遍蒸汽机的每个零件

丰田英二，一个富有传奇色彩的人物，是著名的丰田汽车公司的伟大功臣。有人曾说他的成功无非是靠着跟丰田喜一郎的家族关系实现的，但事实上，丰田英二与汽车是融为一体的。

1913年，丰田英二出生在日本名古屋市，因为他在家中排行老二，由此得名。他有一个哥哥，但在出生后不久就夭折了，直到10年之后，他的母亲才生下他，因此家里对他特别疼爱。但小时候的他调皮捣蛋，因此没少让母亲担心。丰田佐吉是丰田英二的伯父，是一位天才发明家，曾发明过蒸汽织布机，还办过织布厂，大家都把他叫作"发明大王"，他的故事甚至还被编入了日本

丰田英二——对细节烂熟于心

的小学课本。也许是受了伯父的影响，丰田英二自小就喜欢捣弄一些小东西。在他读五年级的时候，家乡开始有了无线电，他便学着自己制作收音机。他从外面买回来自己做不了的零件，然后将每个零件都组合起来，没想到还真的成功了。此外，他还喜欢捣鼓父亲的蒸汽机，每天放学后都看着父亲操作。但无论他怎么恳求，都被禁止碰蒸汽机的引擎，所以他只能趁着洗锅炉的时候钻进去，把那些神奇的零件结构都摸个遍，还意犹未尽。时间长了，好像那些零件就是长在自己身上的一块块骨头，自己就变成了那台蒸汽机。

在丰田英二12岁时，日本开始出现汽车，但汽车都是从外国进口的，没有国产的汽车。读中学时，他经常把从报纸广告上剪下来的汽车图片做成收集册，显示了对汽车的极大兴趣。时间一点点过去，丰田英二顺利地读完了小学、初中和高中，最后考入了东京帝国大学学习机械制造，而且学习非常优秀，获得了"韦斯特奖"。在那个年代，大部分学生毕业后都选择了进入政界，但丰田英二并没有随大流。他不喜欢做官，更不喜欢像父亲那样固守家业，便开始研究汽车。就在这时，伯父的儿子丰田喜一郎邀请他进入自己的公司，这开启了他的创业之旅。加入公司之后的丰田英二是一个工作狂，凡是他做过的工作，都与技术有关。他常常购进德国的汽车，学习别人的先进技术和长处，还亲自把重要的部件一个个画成图细细钻研，做起事情来认真到了一种疯狂的境地。虽然他身居要职，但还是坚持亲自对东京周边的汽车市场进行调查和研究。因此，在32岁时他就被公司晋升为常务董事。

丰田英二不是丰田汽车的创始人，但他却是丰田品牌得以发扬光大和承前启后的最重要的功臣。

　　无论是在年幼，还是在日后身居高位，那种摸遍蒸汽机的每一个零件，把细节烂熟于心的执着和狂热始终是丰田英二最突出的特质，也是他成功的最大要诀。

稻盛和夫——"卖纸袋的小家伙"

　　稻盛和夫，1932年1月21日出生于日本鹿儿岛一个贫穷的家庭，他有一个哥哥、两个弟弟和三个妹妹，他的父亲畈市经营着一间印刷作坊，后来扩展为稻盛承做堂，他的母亲姬美则是一位典型的家庭主妇。

　　父亲虽然经营着承做堂，但终日劳作也只能勉强维持生计。因为他小心谨慎的性格，在经营的过程中也十分保守，从不举债。受父亲的影响，稻盛在日后经营公司的过程中同样凡事小心谨慎，他将父亲的口头禅"最重要的是为人正直、诚实"作为自己选拔人才的首要标准。母亲姬美性格开朗，与一向沉默寡言的父亲形成了鲜明对比，她对稻盛更是疼爱有加，有时稻盛因为参加活动而晚归，她都会等在门口。稻盛一进家门，她就会为他端出满满一碗稻盛最喜欢的年糕小豆粥，慈爱地看着稻盛狼吞虎咽。

　　在13岁那年，稻盛染上了肺结

稻盛和夫——成功从微不足道开始

核，虽然最后治好了，但病情却耽误了稻盛的学习，他在中考时两次失利。父亲命令稻盛去工作，幸亏班主任老师前来家访，说服了稻盛的父亲，稻盛这才搭上了高中的末班车。稻盛知道自己的学习机会来之不易，进入高中后一改此前不认真学习的恶习，主动要求坐在第一排并强迫自己认真听课。功夫不负有心人，到毕业时，稻盛的学习成绩已在年级中名列前茅。其间，为了减轻家里的生活负担，稻盛还打过各种各样的零工。比如他每天都要骑着自行车去卖纸袋，虽然刚开始有些难为情，但随着固定客户的渐渐增多，这种感觉自然而然地就消失了。再加上稻盛有生意头脑，聪明伶俐，懂得开拓不同层面的客户，大家很亲切地称呼他为"卖纸袋的小家伙"，家里的生活也渐渐好了起来。然而，高考时，稻盛却再次失利，只能进入一所二流大学。饱受挫折的稻盛却并没有因此而沉沦，他在大学期间发奋读书，学习了很多有用的知识。

稻盛后来创办了鼎鼎大名的京都陶瓷被誉为日本的"经营之圣"。他有次谈判自己的成功之路时说，一切都是从卖纸袋子开始的，那个开始是微不足道，但开始之后，我就不曾放弃自己的追求了。

 ## 费迪南德·保时捷——从工徒开始学起

最受时尚年轻人追捧的是什么车？自然是样子特别像甲壳虫的汽车，没错，它就是由著名的保时捷汽车公司的创始人费迪南德·保时捷（又译作费迪南德·波舍尔）发明设计出来的甲壳虫。保时捷是德国著名的汽车工程师，他对以前的汽车做了很多革命性的改变，最终确立了今天我们看到的汽车模样，为人类的汽车工业做出了巨大的贡献。

　　1875年的9月里，保时捷出生在捷克的一个普通的铁匠家庭。他的父亲安东·保时捷有三个孩子，费迪南德·保时捷排行第三，那时，谁也想不到这个小家伙能取得后来的成就。因为出生在铁匠的家庭，所以他对铁器方面的东西耳濡目染，按照常理他一定会子承父业。然而，他从小对机械却有着常人难以想象的爱好，而且对当时才刚刚兴起的电学知识尤为喜爱，还经常动手做一些小实验。为了能够进一步丰富自己的知识，他白天在父亲的店铺中帮忙，晚上就跑到附近的一所学校里学习机械技术。1893年，18岁的保时捷一个人来到维也纳，进入一家叫贝拉爱格的电子公司工作，由于没有受过正规的高等教育，在这里，他像以前一样从学徒开始做起，还常常要做些打扫卫生、给机器皮带上油之类的杂活。在这段时间里，他一有空闲就跑去当地的维也纳工学院旁听一些和机械电子有关的课程，没几年的工夫，他就由一个普通的工人晋升为检验科的负责人。22岁时，他独立发明了一种轮毂电机，最终拿到了英国专利，第二年，他被任命为这家电力公司实验方面的经理，从此，他便开始了自己的创业之路。

　　费迪南德·保时捷在公司工作的第三年里，他认识了当时与自己公司有合作关系的路德维希·洛纳。洛纳是维也纳洛纳车身工厂的负责人，这家公司同时为挪威、瑞典、罗马尼亚以及澳大利亚等很多国家的达官贵人生产马车的车厢。他和保时捷都坚信，在未来，一种能自动行驶的汽车一定会代替现有的马拉车，成为主要的交通工具。于是，他们一边生产原有的马车，一边着手设计和制造汽车。

保时捷——坚持不懈地学习

终于，在1933年，保时捷设计出了一种类似甲壳虫外形的汽车，他最大限度地发挥了甲壳虫体型的优点，使它能够成为所有同类车中最好的车型，从那以后，"甲壳虫"便成为这种车的代名词。这使他成为现代汽车工业当之无愧的奠基人。学习，坚持不懈的学习，成就了保时捷的汽车梦，也成就了世界的快速发展。

安德烈·雪铁龙——坚信科学的力量

安德烈·雪铁龙，雪铁龙汽车公司的创始人。他能在公司成立仅6年的时间里就做到年产量突破100万，这无疑是一个奇迹。他成功了，然而大家并不知道，奇迹源自坎坷。

1878年春，雪铁龙出生在法国巴黎，祖籍荷兰。他的父亲是从事珠宝的生意人，母亲是个普通的波兰人，家里富有安逸。家中共有五个孩子，而雪铁龙是最小的一个。雪铁龙六岁的时候，父亲在外经商失败，所有投资都打了水漂。家里顿时一贫如洗，因为难以承受如此重大的打击，父亲自杀了。可怜的母亲艰难地维持着家里的生活，因为长久的生活贫困和精神抑郁，不久之后也去世了。曾经幸福的家庭家破人亡。幸运的是，小雪铁龙依靠亲朋好友的救济，勉强维持了自己的生活，甚至考入了巴黎高等综合工科学院这样的著名学校。他之所以选择这所学校，是想学会一门技术，以后来养活自己。事实上，他对从商满怀挫败感，因为自己的老爸就是在从商失败中去世的；相反，他对科学满怀信心，他坚信科学可以给人们带来希望，所以，他的梦想就是以后做一名出色的工程师。

22岁那年，雪铁龙刚大学毕业，有一次，他去外婆家度假，半路上偶然看到一个人字图样的装置，顿时激起了他无比的兴趣。他回去后，发明了一种双人字形状的齿轮传动装置，比以前的切割方法能更简单地实现操作，就这样，他获得了自己的专利。5年后，雪铁龙创办了一家属于自己的小公司，专门用来生产自己的专利产品，这种人字造型的齿轮运转高效平稳，很快就行销欧

安德烈·雪铁龙——科学成就梦想

洲。尽管如此，他自己并不满足，他认为只生产齿轮是不行的，要想有更好的发展，就要继续前进。1908年，摩尔斯兄弟创办的一家电子信号设备厂面临倒闭，雪铁龙打算买下这个厂子。为了搞清这家厂子的失败原因，他亲自去公司的最底层视察工作，靠着自己敏锐的洞察力，他确定厂子失败的主要原因是发展规模太小，类似于小作坊。他决定必须改变过去的经营模式，实行一种现代的科学的管理方式，招募优秀的员工，提高产品质量使公司起死回生，就这样，他取得了成功。他相信，科学技术能生产出好的产品，也能创造一个进步积极的管理文化。

今日，雪铁龙汽车公司已是欧洲第二大汽车生产公司，公司的企业文化就像它的标志上的两个"人"形一样，坚持对科技人才的培养和对员工人性的关怀。这就是安德烈·雪铁龙的理念，科学改变世界，铸就成功。

亨利·福特——小小机械师

1908年，福特汽车公司生产出世界上第一辆属于老百姓的汽车，风靡全球的汽车工业革命就此拉开序幕。而福特公司的创始人，正是美国著名企业家和工业家亨利·福特。

亨利·福特出生在美国密歇根州，天生就是一个机械师，幼时他就把各种工具当作玩具来玩。有一次，他和一个小伙伴把一块表给拆开了，老师知道了很生气，要求他们放学后留下来，不把表修好不能回家。那时老师并不懂得福特已经是个小小的机械天才，他只用了十多分钟，就把表给修好了。不仅如此，福特对很多事物的工作原理都非常感兴趣。有一次，他用东西把茶壶嘴儿给堵住，并把茶壶放在了炉子上烧，他就站在旁边看，观察茶壶会发生什么变化。很快，茶壶里的水蒸气无处喷发，最终把茶壶憋炸了，还打碎了一扇窗和一面镜子。更严重的是，小福特也被烫伤得很严重。他13岁时就可以修表、修理各种机器，17岁就进入机械厂做学徒，不久就升为机械师。到了23岁时，由于各种制造经验非常丰富，他便着手研究用内燃发动机来带动交通工具。在这一年，他和父亲发生争执，父亲希望他子承父业，而他希望做机械师。父亲威胁取消对他的支持，他

亨利·福特——梦想改变世界

不得不做出一个妥协，放弃做机械师，父亲给他40亩木材地。福特后来在回忆中提到，当时作为权宜之计，他暂时同意了父亲的要求。他一回到农场，就把砍下来的一部分木材建成了自己的房子，而且在里边藏了一个工作室，用于研究汽车制造。在这一时期的隐居生活里，福特依靠自己过硬的机械师本领，掌握了很多关于汽车生产、装配的知识，这为以后作为公司最高管理者打下了坚实的基础。

福特的执着给他带来了回报。他曾异想天开地去造一辆不用马拉就可以前进的车，而当他终于有一天制造出这辆车的时候，整个世界因他而改变。

福特终于发明了著名的T型车，而且款式一度有19个之多，不仅很实用，价格还很公道，起初只有850美元，而后来则降到了260美元。而到了1921年，T型车的产量已经占据了世界汽车总产量的一半还多。福特汽车公司设计的汽车改变了世界，更改变了人们的生活方式。

如今，我们走在街上，常可见到福特汽车在身边疾驰而过，福特用他的梦想改变了整个世界。成功就是梦想的实现，成功又将激励更多梦想的起航！

路易斯·雪佛兰——执着的赛车手

路易斯·雪佛兰，汽车领域里的佼佼者，雪佛兰品牌的创始人，他身上有太多的传奇故事。

1878年的圣诞节，在瑞士的一个小镇上降生了一个男孩，他就是路易斯·雪佛兰。路易斯的儿童时代是在和法国接壤的一个瑞士小村庄里度过的，9岁的时候，他随家人一起离开了瑞士，来到法国生活。他的父亲在当地一家钟

路易斯·雪佛兰——坚持自己的目标

表行里工作，他则学习维修自行车赛车方面的知识，同时还在一家机械商店里找了份工作。从那时候起，他就对维修自行车表现出了极大的兴趣，或许是受到环境的影响，路易斯想在自己长大以后也成为一名机械师。

在这个小镇子上，有这么一个故事流传：一次很偶然的机会，路易斯碰上了一个美国的百万富翁，他是一名赛车爱好者，到法国这边来度假，想找一个机械师为自己修理自行车，当他在机械商店里看到路易斯的工作之后，被他的机械技能所折服，便邀请他跟着自己去美国发展。那个年代，很多年轻人都喜欢参加自行车比赛，路易斯也不例外，不仅如此，他还常常赢得比赛。所以，当他碰上这位美国富翁之后，毅然决定同他一起去美国。

1900年，路易斯把自己在巴黎赚的钱用作路费，远渡重洋来到了美国。在这里，他有幸成为别克的赛车手，还结交了威廉·杜兰特（通用汽车创始人）。俗话说，是金子在哪里都会发光。路易斯在美国的自行车比赛上和在法国一样的出色，甚至美国赛车还曾两次将他列入名人堂名单。在那个时候，他就已经向所有人证明了自己的赛车实力。

1911年，雪佛兰和杜兰特一起创办了以设计师名字命名的"雪佛兰汽车公司"，而到了第二年，他们的首批6款汽车就顺利地从底特律车厂开了出来。然而，路易斯·雪佛兰一直追求制造高品质的跑车，而杜兰特则认为大众路线才会成为未来长远的发展趋势，他坚持生产廉价的汽车。在这个问题上，他们产生了严重的分歧，使公司在发展战略上的矛盾不断加深。1913年，雪佛兰选择了离开，继续寻求自己在高级跑车方面的发展，而他的名字"雪佛兰"却被永远保留下来。不久以后，他实现了自己的目标，和其他同行成立了另一家高级跑车公司，专注于自己的事业。

雪佛兰是富有的，因为他坚持自己的目标，最终取得了成功。有句话说："重点不是做出了什么决定，而是决定了之后怎么做。"今天的我们，在做出一个决定之后，也要像路易斯·雪佛兰那样，执着于自己的奋斗目标，也只有这样，才会最终取得成功。

李·雅科卡——福特掌门人的打包生涯

李·雅科卡，美国20世纪80年代最负盛名的企业家，他是福特公司总裁，又把濒临破产的克莱斯勒重新扶上销量第一的宝座。他的一生昭示着一个坚韧不拔的企业家永不停止的追求。

李·雅科卡，于1924年10月15日出生于宾夕法尼亚州阿灵顿市。他的父亲在13岁时从意大利移民来到美国，在他叔叔的热狗店里上班，后来他自己也经营着几家热狗店；他的母亲则是一个典型的家庭主妇；雅科卡还有一个比他大一岁的姐姐。由于父亲热狗店的生意不错，一家四口原本生活富足，但发生于1929年的经济危机却改变了他们的生活。小雅科卡

李·雅科卡——成功要不计得失

和姐姐不能像以前那样经常有新衣服穿了，母亲竭尽所能维持家用，节省每一点小东西。为了赚钱贴补家用，她不仅要去餐馆里帮忙，甚至还在一家丝绸厂找了一份缝制衬衫的工作。生活在这种环境中，小雅科卡从小就听着许多关于工作和经商的故事，从那时他就知道了不少诸如收入、支出、成本、利润等商业词汇。

转眼间，小雅科卡到了应该上学的年纪。即使家中的收入还是很微薄，但只受过小学四年级教育的父亲却非常崇尚良好教育的价值，也深知教育对一个人的重要性，因此他义无反顾地将小雅科卡送入了学校。由于意大利移民在当地是少数，因此雅科卡和姐姐在学校经常会被叫做"外乡人"。对此，姐姐总是忍气吞声，但雅科卡却不会退缩，有一次，忍无可忍的雅科卡甚至挥手打了带头挑衅的家伙一拳。

到了十岁的时候，小雅科卡第一次有了工作的机会。当时，阿灵顿市开了一间超市，在大部分同龄的小孩子看来，这只不过是一个更大的商店而已，但是有商业头脑的雅科卡可不这么看。他组织了几个小朋友组成了一个打包送货服务队，每当看到拎着大包小包的顾客准备离开超市时，等在出口处的他们就会主动迎上去，问他们是否需要帮忙打包送货。雅科卡通过这种方法赚取几个硬币，回到家后再将它们如数交给父母。

进入中学后，雅科卡利用周末时间在一家水果市场做兼职。他在天没亮时就起床，从批发市场把货送到水果店，每天要干16个小时，报酬是2美元。同时，他还可以拿些水果和蔬菜回家，实际上，这些东西在当时派上了很大的用场。在学习工作之余，雅科卡也会参加一些诸如打棒球、滑冰、游泳之类的运动。成绩优异、工作勤劳的雅科卡是父亲的骄傲。

然而，就在他读高二的时候，却被医生无情地诊断为患上了风湿病，不得不进行痛苦的药物治疗。然而，坚强的雅科卡却从未抱怨过一句，他坚持每天完成作业、阅读书籍，既然不能打棒球和游泳，他就学习各种棋牌。几个月后，雅科卡渐渐恢复了体力，终于有机会重返高中校园。高中毕业后，原本应该直接参军的雅科卡由于健康状况不达标，未能进入军队，于是他下定决心要去上大学，在大学中，他不是在教室和图书馆，就是在宿舍学习，几乎放弃了一切娱乐活动。

雅科卡后来回忆起当年遭受的挫折时，感叹道："成功需要花时间，花力气，要不计得失，反复学习，直至成为第二天性。现在的年轻人不是很理解这一点。他们看到了成功的光环，却没有想到成功路上的卑微和失落。"

中松义郎——只做困难的事

爱迪生是个伟大的发明家，一生的发明有1300多项，被人们誉为"发明大王"。而在日本，有一个名叫中松义郎的人，他的发明更是多达2300多项，人们把他称为"活着的爱迪生"、"20世纪的发明大王"。可以说，他的发明对日本的经济腾飞和全人类科学技术的发展都做出了卓越的贡献。

其实，在很小的时候，中松义郎就已经是个小发明家了。小时候，他生活在一个富裕的家庭环境，而且非常喜欢听故事，特别是对爱迪生的发明故事很

中松义郎——发明家的三个素质，理论、想象和生命力

感兴趣，常常听到入迷的地步，自小他就立志长大后成为一个像爱迪生那样伟大的发明家。读小学时，他很喜欢制作飞机模型，并许愿要造出比别人飞得更快的飞机，那个时候，他就已经设计出了能让模型飞机重心保持稳定的装置，表现出了杰出的才能。到了初中，他又发明出了不用燃料的空调装置，他很好地利用了绝热压缩原理，做出一个小的模型，后来还获得了专利。

在中松义郎的大学时代，他自从进入学校的第一天起就给自己定好了学习蓝图：一方面利用一切时间认真学习物理、数学和化学等基础科学，一方面利用课余时间不断地拓展自己的知识面，比如绘画、音乐和摄影等。就是凭借这样的学习劲头和生活态度，他在大学期间又创造了15项发明。大家都问他如何取得这么多的成功时，他严肃地说："其实发明家必须具备三个素质，那就是理论、想象和生命力。"他解释理论说，数、理、化、生、文、史、地、美术、音乐、设计，都必须弄清楚各自的概念，不能模模糊糊，否则对研究发明有害无益；而想象则是我们能把各种理论综合起来，融会贯通，最后得以升华，这样才能产生人们从未有过的思想和创造能力；最后便是生命力，简单地说就是致知于行，将各种理论和思想付诸实践，从而制造出对我们有用的东西来。

中松义郎还说，其实他并不是为了发明而发明，他所有的研究不过是为了以后能更好地去发明，而最终用发明来指导现有的理论和实践。这句话，成为他一生的信条。

中村义郎一生发明了2000多项成果，但他坚持认为，其中百分之九十九的东西大家都能做到，但还有百分之一的东西只有他才能做到。这百分之一，便是他能比别人更成功的关键。因为和常人不同的是，他更喜欢知难而进，如果有一项发明同时存在两种方向——困难的和容易的，他会毫不犹豫地选择困难的，因为困难能让他更具有挑战性，更能让他获得新的东西。

当我们都想获得成功的时候，一定要具备别人没有的那"百分之一"，就是迎难而上，这才是成功的关键。

吉田忠雄——顽固的锤子

对于日本人来说，YKK这个符号一定不会陌生，因为它就是大名鼎鼎的吉田工业株式会社，而其创始人正是有名的日本企业家吉田忠雄。

吉田忠雄于1908年9月19日出生在富山县鱼津市，上面有两位兄长和一位姐姐，他是家里最小的儿子。他父亲的职业是养鸡和卖宠物，家境很贫寒，但一家人团结友爱，非常温馨。在这种环境里长大的小吉田，小时候就敢想敢干，经常看准商机做点小生意来赚取一些零钱贴补家用。有一次，他曾说服同学和他一起，用卖小鸟和小鱼赚到的1.5日元零用钱作为本金购买了一张渔网，不顾母亲的阻止，在涨潮时站在危险的河里捕鱼出售，后来居然赚到5日元，赢利达到百分之三百多。正是这种执着、敏锐的性格促成了他的成功。

15岁时，吉田从高等小学毕业，在校期间他学习成绩非常优秀，但是因为家境贫寒，无力继续读书，所以毕业以后就开始工作。他先在长兄开的胶靴店里打工，本着求学不止的信念，他报考了早稻田实业学校的校外生，独自自学。1928年，20岁的他一人来到日本的心脏——东京寻求发展，全部家当只有长兄赠送给他的70日元。

在之后的几年里，他一直在同乡开的经营陶瓷等百货的古谷商店里工作，从最初的临时工，到后来成为负责包括去上海进货这

吉田忠雄——成功是用锤子锤出来的

样的核心业务的高级管理人员，他的勤奋、诚恳的工作作风和强烈的责任心为他赢得了很多朋友和合作伙伴。然而20世纪30年代的日本处在战乱期间，商店经过几次较大危机，在1933年时最终倒闭了。倒闭后的古谷商店有很多卖不出去的次品拉链，吉田忠雄说服供应商将这批拉链作为投资借给他，他的诚意打动了供应商，得到了这批商品。

1934年1月1日，吉田在日本成立了一家商会，员工只有两人，资金是省吃俭用节省下来的350日元，而负债却有2070日元，那年他才25岁。当时的拉链产品质量普遍非常差，而吉田坚持信守品质第一，他用锤子敲击所有的拉链来确认它们的强度，把有问题的部分切下来扔掉。这样一来，最终可以作为商品售出的也只有买入量的1/3，因此售价与别的公司相比较高，从而使经营一度陷入困境，但是因为这种对于质量的顽固坚持，他的产品经受住了市场的考验，获得了"金锤拉链"的美誉。随着洋装的流行，拉链的需求量快速增长，公司经营也随之开始好转。公司规模从原先的3人扩展到50人，并开始实现产品出口。

"顽固"的吉田成功了，锤子砸下了他巨大的耐力和坚持，砸出了一个追求质量和信誉的拉链王国，这无疑是一笔不菲的财富。

 岩崎弥太郎——用智慧武装自己

三菱集团，在日本的现代化工业进程中，有着举足轻重的地位。而他的创始人，岩崎弥太郎，却是从社会的最底层，造就了如此的辉煌。

1834年的冬天，岩崎弥太郎出生于一个日本浪人家庭。他的祖父，很早前

为了能让岩崎家族摆脱平民的待遇，曾买下了乡
居武士的地位，但后来家道中落，他的祖父不得
已又把这个地位转卖给了别人。自此之后，岩崎
弥太郎一家就一直被排斥在真正的武士之外，沦
为浪人，不再有武士的地位和荣耀了，甚至因为
严格的地位等级，格外受人冷落和歧视。正是因
为这种下层社会的地位和屈辱的经历，使得岩崎
弥太郎自小充满了倔强和愤怒，同时也养成了一
种不屈不挠的劲头。

岩崎弥太郎——用知识武装自己

　　岩崎弥太郎的母亲仁慈宽厚，很是勤劳，在自己的儿子成长方面投入了很
多的心血。一开始，她送儿子去自己的母亲那里，让母亲教给自己孩子知识和
书法。后来，她又同丈夫商量，让本地一位很有名的私塾先生教弥太郎读书。
在岩崎弥太郎14岁那年，他被送到自己的姨夫冈本宁浦那里。因为姨夫在当地
开了一家私塾，小弥太郎自然成了姨夫的门徒。姨夫发现他是一个非常好学的
孩子，虽然很调皮，但在诗词方面颇有天赋，于是便想收岩崎弥太郎为养子，
但被他的父母拒绝了。再后来，姨夫去世，岩崎弥太郎只好去江户求学。在他
21岁那年，江户发生了大地震，所有的学生都跑去避难了，只有他一个人不怕
危险，坚持在学校附近一边读书学习，一边照顾老师的一位生病的亲戚。这位
老师非常激动，说弥太郎是一个重情义的人，必成大器，此后对他颇多照顾。
但不久，他收到家里的来信，说父亲被人陷害，他便赶回家救父亲，却不料自
己也陷入了困境，在狱中待了近一年。这一年他在黑暗中一边反思，一边继续
学习。经过师友的活动，弥太郎终于出狱，但他由此深知社会的黑暗，发誓要
好好学习，不断用智慧去武装自己。

　　有一次，他和弟弟去钓鱼，看着宽阔的河面，不禁感叹，弟弟说："如果

没有宽阔的河面，洪水涨起来就会有严重的后果。"这句话提醒了弥太郎，于是他向本藩报告了自己的想法，决定在河岸上筑堤，拦河造田，他的主意很快得到了批准。就这样，1864年，他的拦河造田计划取得了巨大的成功，粮食和棉花都取得了大丰收，还因此当上了当地的下级官员。由此，他开始拓展关系，获取资源，走上了成功大道。

逐步的，岩崎弥太郎靠着自己的努力，创立了三菱集团，并在日本明治维新之后取得了长足的发展。回忆往昔，他曾感叹，是年轻时候的持续学习和反省成就了后来的成功的。

郑周永——开米店的车坛黑马

韩国现代的创始人——郑周永是从在米店打杂的小伙计成长为韩国现代的创始人。现代集团现在已是拥有除汽车、建筑等核心企业外还包括造船、重电机械、电子等关系企业的庞大财团。

郑周永出生于1915年11月朝鲜北部江原道一个贫苦却又庞大的农民家庭，家有八兄妹，他排行老大。从他10岁那年起，父亲在凌晨4点就会叫醒他，带他赶15里的夜路去下地干活。父亲要他给弟妹以身作则，做一个实干的农民。日复一日地苦苦耕田，似乎永远没有出头之日，郑周永渴望着能走出农村，过上好日子。

郑周永——劳动创造财富

当时区长家里有份《东亚日报》，郑周永每天都到区长家里去看，希望能够不与社会脱节。此后他越来越想到外面去，看看外面的世界。四次离家出走后，他终于在一间米店寻得待遇较好的工作，那时他未满20岁。郑周永在米店干活勤奋，深得老板赏识，并与当时一些客户建立了良好的关系，为以后打下了基础。郑周永除了诚实守信、务实肯干之外，勤俭节约也是其自身特有的品质。当年才到米店，怕费鞋，干脆在鞋底上钉个钉子。那时他从来不买报纸，都是到米店看老板买的报纸。那个时候他的月薪是一袋米，每次他都要存下来一半。

1938年，机会来了，米店老板生了重病，而唯一的儿子又游手好闲，所以便免费将米店交由这位曾经身无分文的打工仔来管理。一瞬间，他从伙计变成了掌柜的。这是他成功的起点，有了实力，他开始加速前进。

郑周永成为了韩国的首富，但他却不这样认为，他说他只是一个富有的劳动者，是用劳动生产财富的人。

除了勤俭、劳动之外，在郑周永的经营方式中还有重要的一点就是：提倡"现场第一主义"。他认为商场如战场，一个指挥员如果不亲临前线指挥作战，是不可能打胜仗的。

柳井正——被骂大的日本首富

有这样一个儿童，他从小被父亲骂着长大，但他从来都不顶嘴；有这样一个日本人，当全球首富比尔·盖茨和"股神"沃伦·巴菲特的财富都大幅缩水时，他却"因祸得福"，成为日本的首富。他就是优衣库的创始人、日本迅销有限公司主席——柳井正。

柳井正——成功在于试错

柳井正自小出生在一个服装世家，很多亲朋好友都在九州岛和山口县开着服装店，1949年，他的父亲也在当地开了一家男装店，取名为"小郡商社"，主营西装。在那时，很多来自银行业和证券业的顾客都希望自己能穿得体面。父亲的生意很是兴隆，几年后，店面由个人所有改为小郡商社股份有限公司。柳井正的家中有一个姐姐，两个妹妹，因为是家里唯一的男孩，所以父亲对自己的期望极高，做任何事情都非常严格。那时候，父亲因为应酬常常回家很晚，但不管什么时候回来，只要看到柳井正，总要找个借口来训斥他，不过他对父亲的责骂并没有怀恨在心，反而养成了早睡早起的好习惯。在他的记忆里，父亲可能只有在他读高中和大学的时候，夸奖过他。

柳井正在自己的书中也提到，小时候，父亲只会骂他，但现在想起来，那应该也是对自己的一种激励，自小父亲就让自己当第一名，任何第一都行。也正是这种观念，对他以后发展自己的事业起到了重要的作用。1999年，柳井正的父亲不幸去世，在丧礼上，他满面泪水地说："父亲是我人生中最大的竞争对手。"

熟悉柳井正的人一定都知道，他有一个外号叫"山川"，因为大家都说"山"，而他硬要说成"川"，故而因此得名。其实这样并不是为了和大家唱反调，而是想表达自己内心一种与众不同的个性罢了。他的口头禅就是："重点在于尝试，错了也没关系，错九次就有九次经验。"

欧仁·许勒尔——跑遍巴黎的发廊

　　欧莱雅，这个名字对女生来说一定非常熟悉，护肤、美发、化妆，它总能赋予女性自然的美丽。是的，它就是世界第一大化妆品工业集团，而它的创始人，正是法国人欧仁·许勒尔。

　　1881年，欧仁·许勒尔出生在巴黎。小学毕业之后，他就在家庭的店铺里跟着做生意，他以后的人生路似乎在这时已经被设计好了，即和父亲一样做一名糕点铺的小老板。但成功者的人生路注定是不平凡的，他的人生发生了一些变化。在他10岁那年，因为金融危机，他家破产了，父母把家搬迁到讷伊。在那里，他们给当地的一所中学供应糕点食品。正是这个工作给了欧仁·许勒尔带来了很大的好处，那就是他可以在这所被人们认为是很严格的学校里学习，而这所名校曾经培养出很多的外交官、财政观察员和将军。可惜的是，他并没有充足的时间在那里学习。因为各种原因，他家再次卖掉店铺，举家回到老家。为了生存，幼年的欧仁·许勒尔只好当上了流动商贩，和家人一起在市场里卖糕点。而在他的心底，他从来没有放弃过上学的念头，在19岁时，他终于考上了巴

欧仁·许勒尔——推销自己的产品和信念

黎化学研究所，开始了新的生活。

　　勤奋的欧仁·许勒尔非常热衷于研究化学。因为设备很差，资金又不足，他对巴黎大学给他的助教职务不够满意，于是在一位教授的支持下，他在24岁时进入了法国的中央制药厂。在这里，他开始了对染发剂的研究。他向来对任何事物都善于观察。他注意到，当时的染发剂都是用散沫花等植物做成的，而这些东西都很不实用。他决心自己研制新的品种，经过无数次的实验，失败，改进，再失败，再改进，终于开发出新的合成染发剂，并取名为"奥莱雅"。业余时间，他挨家挨户亲自给巴黎的大小理发店推销自己的新产品。这段经历是很难让人忘怀的。他每天都要拜访很多店铺，但为了成功那一刻的到来，他努力地坚持着。很快，大家试用了产品之后，对他的产品都很看好。就这样，他决定自己开公司，为自己打造长远的事业。27岁时，他用800法郎做原始资金，开办了法国无害染发剂公司。其实他的公司不过就是两间套房，他把餐厅当作演示厅，把卧室当作实验室。晚上，他在房间里生产产品；白天，他走遍大街小巷，给各个发廊做上门推销。正是这段日子，给了他终生难忘的记忆和信念支持。

　　机遇总是留给那些有准备的人。在28岁那年，他认识了一位会计。这个朋友因为受到他创业精神的鼓舞，将自己继承来的2.5万法郎借给他。这点燃了他想干一番大事业的那颗雄心，他将公司重新命名为"欧莱雅"，踏上了开创化妆品王国的路途。后来，他成功了。

　　欧仁·许勒尔的成功告诉我们，机遇是留给有准备的人，这需要踏踏实实地努力，需要如同欧仁·许勒尔那样，执着地为自己的产品和信念去做推销，那么，相信机遇和成功就在不远的前方。

克里斯汀·迪奥——永不低头的时尚先锋

今天，当我们走进大型商场，远远地看到"Dior"时，一定会释放出一种喜爱、羡慕的目光。是的，它就是令女性为之倾倒的法国时尚名牌，一个象征着高贵和品位的代名词。而这个品牌的创始人，正是克里斯汀·迪奥，一个执着为女性创造时尚魅力的男人。

1905年，克里斯汀·迪奥出生在法国格兰维尔的一个富裕的家庭。父亲在当地做着肥料生意，母亲是一位高贵典雅、温柔大方而且很有气质的妇人。可以说，母亲的美丽形象是迪奥创作灵感方面的宝贵源泉。5岁时，迪奥和家人一起搬到巴黎，这个有着浓厚艺术气息的魅力都市，卢浮宫里那精美的艺术藏品更是让迪奥产生了浓厚的兴趣，使他从小就对美充满了向往。16岁时，他听从父母的安排，进入科学政治学院学习政治，家人希望他以后能成为一个外交家或者继承父业。

然而，命运多艰，到了三十而立之时，迪奥经历了一段无比黯淡的生活。每天他都不得不在报纸上的广告中寻找工作机会，他也没有自己的住所，只能偶尔在朋友那里过夜，甚至还露宿过街头。就这样，工作没

克里斯汀·迪奥——不向逆境低头

有着落，他吃了上顿没下顿，最后还患上了肺病。即使是这样，也没有把迪奥打垮，他仍向往美，不时画一些优美的设计图。有一次，他正在为自己找不到工作而感到烦恼时，一个好心的时装界里的朋友让他画了一些时装方面的设计图，没想到这些设计受到了极大的欢迎，他的每一款设计都将他的才能表现得淋漓尽致，而且显得贴近生活，富有生命力。

此后，开始有人找他画一些零散的设计图，有时候他还给诸如《费加洛》等一些流行杂志设计服装图，他的第一张图也以20法郎卖了出去。他开始不用为衣食发愁了，把全部的精力都扑到了设计上，因为他自小对毕加索和马蒂斯等一些名家作品极富兴趣，这就让他在设计图纸时拥有比别人更多的艺术和时尚品位。通过两年的努力，他终于获得了一位名设计师的赞赏，采用了他的许多作品，还在第二年让他成为梦寐以求的真正的设计师，正当他在时尚之路上奋力前进时，第二次世界大战席卷了整个欧洲，他被征到法国的南部从军。1941年他再次回到巴黎时，自己的设计职位已经被别人抢走了。当然，是金子总会发光，1945年，一位从事纺织品经营的商人邀请他一起合作，他终于在巴黎有名的高级时装街上开设了属于自己的服装店，并为之付出自己的全部精力，把克里斯汀·迪奥打造成了世界顶级奢侈品牌。

今日，克里斯汀·迪奥这个品牌以华丽、上等的面料和新颖、时尚、高品位的设计风格吸引着每一位爱美的女性。而克里斯汀·迪奥的那种将艺术灵感融入生活情趣的智慧，以及在面对逆境时永不低头的信念将继续影响新时代的每一个人。

香奈儿——让女性自信的时尚

香奈儿5号，爱美的女孩一定会知道，它就是香水世界里鼎鼎有名的一款颇具有女人味的香水。而它的创始人正是加里布埃·香奈儿。

1883年，香奈儿出生在法国，早在她六岁时，她的母亲就去世了。狠心的父亲也丢弃了她和其他兄弟姐妹，幸亏有姨妈的抚养，才得以维持生活。她小时候就学得一手漂亮的针线活。1905年，她22岁，为了生存，她在一些歌厅和咖啡厅当歌手，并取艺名"Coco"。也正是那一段歌女生活，让她有幸结交了两位贵人知己，一位是英国有名的工业家，另一位是有钱的军官。他们帮她开了一家服装店铺。20世纪30年代爆发了第二次世界大战，香奈儿不得不关掉了自己的店铺，随同自己的军官恋人来到瑞士，直到1954年才回到法国，并打算大干一场。她的服装款式一向随意大方，这迅速赢得了巴黎女士们的青睐。在当时的战争年代，随意的呢子大衣、别致的喇叭裤等，都是她的作品。

香奈儿一辈子没有结婚，她尊崇独立自主，追求属于自己的幸福和快乐，创造自己的时尚王国。在那个年代里，她成为女性追求自我和摩登时尚

香奈儿——自由、独立与成功并立

的典范。而她曾经的两位贵人，也都全力帮助她开办自己的衣帽商店和摩登店。出现在她生命里的每一位异性，都能使她激发出不同的创意。甚至后来她和一位公爵外出游玩，也突发灵感，设计出了一种斜纹软呢料制作的套装，由此形成了独具魅力的时尚风格。甚至到了70岁，香奈儿也经常出现在一些公共场合，扩展自己的影响力。香奈儿公司每次发布的新品，也都深深地烙上了香奈儿的设计灵魂。香奈儿把自己比喻为一座永不熄灭的活火山，这正反映了她对时尚的自身风格的定义：追求自由，但同时依恋男人；外形独立，但同时充满了十足的女人味。

香奈儿去世之后，公司的接班人继续秉承她一贯的设计理念：将两种截然对立的风格巧妙地融入同一种产品中，让浪漫和严谨并存，让自由奔放和典雅端庄共生，创造出一种充满女人味的时尚的自信，让女性体味到高潮迭起的不同的激情。这，是香奈儿的个性，这，也是香奈儿的梦想。

路易·威登——奢侈品里的"小木匠"

LV，相信提到这个名字，一定会让现代女性为之疯狂，因为它就是当今世界最顶级的奢侈品牌之一，而它的创始人，正是来自法国的路易·威登。

1821年，路易·威登出生在法国的一个东部省份。在路易小的时候，他的父亲是周边林场的伐木工，生活上也非常拮据，因为没钱给他买玩具，伐木用的工具就伴随了他整个的童年，并自小对木工产生了很大的兴趣，算是一个不出名的小木匠。在他14岁那年，他一个人走了400公里的路程来到巴黎，为了实现赚钱过上好日子的美梦，让他对任何工作的苦与累，已经无所畏惧。来到巴黎后，费了很多周折，才终于在一家手工木器店里找到工作。他的工作就是制作盛放鲜奶用的木桶，木桶的材料就是山毛榉和白杨树。在那个时期，巴黎常会有很多盛大的舞会，这吸引了不少从外地来的达官显贵，很多有钱的夫人也常买这种木桶来存放裙子衣物。这给了路易·威登很大的启发，使他在后来制作皮箱上也收获良多。那时，法国的版图不断扩大，这更激发了当时皇后游玩欧洲的兴趣。可是在游玩中，皇后那华丽

路易斯·威登——做到极致的精细就是成功

的衣服并不能好好地呆在衣物箱中，这让她的好兴致大幅缩水，烦恼不已。还是个穷小伙的路易·威登依靠自己的手艺，能将皇后的衣服很好地捆绑在箱子里，使它们拿出来的时候平整如新。就这样他得到了皇后的信任和赞赏，成为皇后旅行必带的行李箱专家，顿时身价百倍。在为皇后服务的那段时间里，路易·威登对旅行者的苦与乐深有体会。那时，乘坐火车出游成为人们心中一件时髦的事，但随之也产生了很多令人烦恼的事，比如行李箱在火车颠簸中一次次跌倒，衣服被箱子弄得皱皱巴巴。路易·威登相信自己的能力，决定开设一家自己的皮具店，生产一种能很好地保管衣服的旅行箱。

路易·威登，用细心的观察和智慧创造了一个奢侈品王国，创造了一种舒适、轻便的旅行文化。对于他来说，成功就要不停地努力，执着地追求，任何一个细节都做到极致的精细。他的执着成就了奢侈品LV，但LV除了是奢侈品的代名词，又何尝不是执着的另一个代名词！

拉尔夫·劳伦——"克林顿人"人小志大

在纽约市郊布朗克斯的德威特·克林顿学校，存放着一本名为"克林顿人"的高年级年鉴，上面记录着每个高中毕业生的理想。在众多的教师、医生、律师、药剂师之类的职业中，有这样四个字显得异常醒目——百万富翁，这个理想的主人，名叫拉尔夫·劳伦。

拉尔夫·劳伦，于1939年10月14日出生于布朗克斯的一套两居室的狭小单元中。他的父母都是俄罗斯移民，家中还有一个姐姐和两个哥哥，全家人都靠父亲给别人装饰房屋来维持生计。父亲一直梦想着有朝一日自己的绘画作品能够登上博物馆的大雅之堂，成为著名的艺术家，但实际上他只是给市里办公大楼的门厅、走廊墙壁绘画和装饰的普通画师。母亲是一名典型的家庭主妇，与父亲开朗、活跃的性格迥然不同，她是一个十分严谨的女人。虽然家庭每周只有75美元的微薄收入，但全家人齐心协力，相亲相爱，所以小拉尔夫从未因为家境贫困而感到难过，恰恰相反，在他看来全家人为了生存而奋斗，是征服生活的强者。

拉尔夫的初中生活是在一所全天制上课的男校度过的，他喜欢运动，每天下课后，他都会去操场打两个小时的篮球。由于训练刻苦且经常参加比赛，身高一般的他有机会

拉尔夫·劳伦——做到可以想象的最好

在进入高中后在校篮球队争得一席之地，打了一年球，教练对他的评价是"活跃在篮球场上的矮小而富有挑战性的优秀运动员"。

高中时，拉尔夫对服装设计仍一无所知，但他却对电影情有独钟，银幕上的那些好莱坞明星的魅力总像磁铁般吸引着他，也许正是那些电影中大腕明星的着装、言谈举止和个性特征对拉尔夫日后在服装设计中产生灵感起着潜移默化的作用。高中时的拉尔夫经常利用暑假时间到野营地做服务生，前来野营的多是富家子弟，但拉尔夫却不卑不亢，因为在他看来，虽然起初处于最底层，但只要义无反顾地勇往直前，终究会达到目的的。他年复一年地坚持着，终于，皇天不负苦心人，他从服务生晋升为了管理员。有趣的是，在这个过程中，拉尔夫对自己的穿着打扮开始变得十分重视，因为他的工作需要讲究衣着，必须购买高档服装，但因为家中经济拮据，拉尔夫只能通过在商店打工赚外快来买昂贵的毛线衣或外套，并在这个过程中对服装搭配产生了自己独到的见解。

高中毕业后，拉尔夫进入了收费相对较低的纽约市立大学，但由于长期在学校和工作的商店之间奔波影响了学习成绩，拉尔夫不得不在学习了短短两年后就离开了大学校园。退学后的拉尔夫毫不气馁，开始四处干推销员，并接触到大量关于男装设计领域的事务，少年时那些美好的感觉再一次打动了他。几年后，拉尔夫尝试着自己设计领带，他设计的领带样式新颖超前，比当时常规的领带要宽三英寸半到四英寸，吸引了时尚人士的注意，开一时风气之先。随后他又进入男装、女装、香水、家居等多个时尚领域，最终成为一代时装大亨。

拉尔夫常说："我相信，我一直深信，我设计的目的，就是实现可以想象到的最好，这是我的梦，也是人们心目中的梦。"

皮尔·卡丹——给布娃娃缝裙子的小裁缝

有人说，在当代法兰西，如果用四张名片来形容或代表这片文明的话，那一定是戴高乐总统、埃菲尔铁塔、皮尔·卡丹服饰和马克西姆餐厅，而仅仅皮尔·卡丹一人，就占有两项：服装和餐厅。可见，皮尔·卡丹俨然是现代法兰西文明的符号。

1922年夏日里的一天，皮尔·卡丹出生在意大利水城威尼斯郊区的一个普通农民家庭，两年后，整个意大利都被笼罩在第一次世界大战的乌云之下。从此，卡丹一家人不得不举家迁移，在经过了无数次的艰辛之后，终于在法国南部的一个小城市勉强定居下来。为了维持生计，卡丹的父亲每天都要骑马登上雪山，把采回来的冰块卖给城里的有钱人。

有一次，天气阳光明媚，七岁的小卡丹从草地里捡到了一个被富家小姐丢弃的布娃娃。他高兴地抱起布娃娃回到家里，从母亲那里拿来针线和布块，坐在有些昏暗的油灯旁，认真地给布娃娃缝起了小裙子。他在那里缝了又拆，拆了又缝，直到让自己满意为止，几番折腾之后，终于让布娃娃穿上了自己为它缝制的小裙子。这个小花裙便成了皮尔·卡丹人生中设计的第一条裙子，也从此在他的心底种下了服装设计的种子。在他八岁时，他随家人迁到圣莱第昂，父亲将他送到本地的一所小学上学，只可惜他对读书并没有兴趣，很多次放学回家，他都要溜到附近商店去痴迷地望着那些各种各样的服装。直到14岁，他去了一家小裁缝店当学徒，也许是生来就有做服装的天赋，只用了两年，他的本领就已经好过了他的师傅。手艺不错的皮尔·卡丹，还常常别出心裁，设计一些造型独特的服装，这也备受本地小姐们的青睐，经常有人专门上门请他设计女装。和常人不同，皮尔·卡丹尤其喜欢高雅独特、款式新奇的舞台服装，为了能让自己的视野更开阔，他便着手研究各种此类服装的样式。他白天在店里做活，晚上就去本地一家业余的剧团当演员，以增加自己的亲身感受。独特新颖的舞台服装给皮尔·卡丹留下了深刻的印象，也对他后来的服装设计风格产生了极为重要的影响。

皮尔·卡丹——永远走在前面

17岁那年，皮尔·卡丹只身闯荡巴黎，进过时装店，为剧院设计过戏装，后来因为给电影明星设计刺绣丝绒装而一举成名。成为时尚大师迪奥的助手是他事业的转折点，他学到了高雅、大方、优雅的理念。但不同的是，他希望时尚能够平民化。为了实现这个梦想，他承受了极大压力，甚至被逐出巴黎时装女服联盟。他没有屈服，终于在1962年，联盟不得不重新请回皮尔·卡丹，并请他担任主席。

皮尔·卡丹曾经说过："我已经被骂惯了，我的每一次创新，都被人们抨击得体无完肤。但是，骂我的人，接着就做我所做的东西。"

李维·施特劳斯——不爱黄金爱牛仔裤

1850年，在美国西部荒无人烟的不毛之地上，涌来了大批想一夜暴富的人们，因为这里刚刚散发出一条惊人的消息：这里有大片的金矿！于是，成千上

万名心怀希望和梦想的人开始了西部淘金之旅。

在这淘金者的千军万马里，有一个年轻的犹太人，他就是李维·施特劳斯。李维出生于一个普通的德国小职员家庭，自小就具有犹太人特有的聪明和睿智，他顺顺利利地读完了中学和大学，又当上了如父亲一样的小文员。但当他听到美国西部淘金热的消息时，年轻的心按捺不住对黄金的热情，毅然辞去了已有的工作，踏上了去美国的淘金路。

然而，当他来到梦想之地，看到那一望无际的淘金者和无数张帐篷，顿时让他的发财梦消失得无影无踪，但犹太人聪明的头脑又马上让他意识到，与其像所有淘金者一样从沙土里淘金，不如在这些淘金的人身上淘金。慢慢地，李维观察后发现，这么多的人每天都待在同一个地方，都住在搭建的帐篷里，远离市区，生活上有很多不方便，于是，他开了一家日用品商店。当然，他的商店生意特别好，每天的顾客都是络绎不绝，所以很快他就收回了本钱，还额外赚到了不少的利润。

有一次，他又从外面采购了很多日用百货和一大批用于搭帐篷的帆布，日用百货倒是很快就被抢购一空，只剩下帆布无人问津。后来，虽经他多次推销叫卖，结果依然如此。这件事一直让他非常沮丧。有一天，一位淘金工人来到他的帆布前仔细打量，这让李维顿时喜上心头，慌忙问道："你是想买搭帐篷用的帆布吗？"工人说："不是，我只是想买像帐篷一样耐用耐磨的裤子，你这儿有吗？"

淘金工人的问题忽然间给李维带来了灵感，如果把用作搭帐篷的帆布做成干活

李维·施特劳斯——在冒险中体会成功

用的裤子，不仅方便了工人们干活，还能尽快处理这一大批帆布。于是，世界上第一条牛仔裤诞生了，它就是李维用帆布给这位淘金工制成的工作短裤。一时间，他的生意火爆，而他制成的裤子，在当时被称作"李维氏工装裤"。人们对他的牛仔裤喜欢到了近乎痴迷的程度，穿仔裤成为年轻人心中的时尚，从而掀起了遍及世界的牛仔热。再后来，李维创立了世界著名品牌"Levi's"和李维公司。到了1979年，李维公司在美国销售额达到13.39亿美元，而在国外的销售盈利超过了20亿美元，雄踞世界企业的前十位。

李维用一生的时光追逐淘金美梦，他不安闲适的生活，在冒险中体味成功的快乐，他的成功也是一个梦，一个异想天开的别致的梦。

 菲尔·奈特——让人愉快地奔跑

1938年2月24日，星期三，居住在俄勒冈州波特兰市的威廉·奈特与洛特·海特菲尔德·奈特夫妇异常开心。在他们看来，当天的新闻人物只有一个，就是他们刚出生的儿子菲尔·奈特。

小奈特出生于一个多事之秋：1939年，第二次世界大战爆发，1941年，日本袭击了珍珠港。直到小奈特7岁时，国家才逐渐恢复了正常状态，但小奈特却几乎没有受到动荡环境的影响。相反，他一直享受着一个温馨的家庭所具有的安全与稳定，在玩具、积木和动画片的陪伴下无忧无虑地度过了童年。进入中学后，他开始学习各门课程，同时也对跑步产生了浓厚的兴趣。他经常一个人在操场上慢跑，享受那种伸展全身并考验自己身体的速度、协调性与耐力的感觉。然而美中不足的是，他每跑一步，脚下便会传来阵阵疼痛，甚至当他长

菲尔·奈特——成功是很实际的东西

跑归来脱下鞋子时，便会看到自己酸痛的双脚正在流血。难道没有办法削弱或消除这种与跑步相伴的痛苦吗？奈特从那时起便在思考这个问题。

高中毕业后，奈特进入了俄勒冈大学，当他在新生迎接会上听到校领导宣读大学里的规章制度时，他意识到平均每三个人中只有一个人可以在四年后获得学位，奈特便从开学第一天就开始严格要求自己。那段时间他对商业产生了兴趣，因此他选修了所有与商业有关的课程，他的努力使自己的成绩始终保持在上游水平。尽管在学习上花费了大量时间，奈特也始终没有放弃跑步，在他看来，跑步并不是一项累人的任务，而是一种很有效的保持体形、缓解压力的方法，但如何使跑鞋变得舒适是奈特一直在思考的问题。就在这时，他认识了学校的首席田径教练比尔·鲍尔曼，这位同样对跑鞋极度不满的教练为了提高自己队员的成绩，自己尝试着制作跑鞋，虽然鞋子的样子看起来并不时髦，但这种轻巧的鞋子却实实在在地将队员们的成绩提高了不少。

4年后，奈特大学毕业并获得商学学士学位，随后他加入了美国陆军运输兵团。退役后，奈特离开部队并前往斯坦福大学攻读硕士学位，但他始终没有忘记与比尔·鲍曼的合作，并渴望这种合作能够取得实质的进展。获得学位后的奈特随即开始了一次世界旅行，回国后，他便迫不及待地与老朋友比尔·鲍尔曼教练合作成立了蓝带体育用品公司，随后又成功引入"耐克"作为产品名称。

奈特的梦想终于成为大众的现实，愉快地奔跑，让鞋子为奔跑助力！人生需要梦想，成功离不开梦想。梦想和成功，其实离人们并不遥远，而是很实际的东西，需要人一步步地去实现！

玫琳凯·阿什——我知道你能行

　　玫琳凯·阿什出生在位于得克萨斯州的一个名叫霍特维尔斯的小镇上，她还有一个哥哥和一个姐姐。在她两岁的时候，她的父亲不幸得了肺结核，为了治病，他不得不长年累月住在疗养院里，而这一住就是五年，直到玫琳凯7岁那年，他才回到家里。遗憾的是，那时的他几乎是一个废人，他的一举一动都需要别人照顾，于是，母亲玛丽·玫琳凯·瓦格纳为了养家糊口，不得不出去工作。她虽然上过护士培训课，但由于世道不景气，她只能在休斯敦市的一家餐馆工作，她每天要工作将近15个小时，从早上5点到晚上8点。正是因为这样，她几乎没有时间照顾小玫琳凯，不仅如此，由于哥哥和姐姐早已各自成家立业，小玫琳凯不但要照顾自己，还要照顾生病的父亲。每晚放学回到家，小玫琳凯要做的第一件事就是打扫屋子，然后才能完成自己的家庭作业，看着其他小朋友在外面玩耍，她羡慕极了，但等她做完所有事情，她往往已经累得精疲力竭了。

　　对于小玫琳凯来说，她遇到的第一件棘手的大事就是做饭。由于母亲上班不在家，她不可能手把手地教她如何做饭，两人往往通过电话沟通。母亲会把做饭的步骤一步步告诉她，而每次要挂电话的时候，母亲总会以一句温和的话"亲爱的，我知道你能行"作为结尾。当玫琳凯需要去购物时，母亲也是按照同样的方法，先把钱给她，再仔仔细细地向她解释该坐几路公交车在哪一站下车。很多时候，售货员都不敢相信居然有家长如此放心，让这么一个小不点儿自个儿跑出来买东西。多年以来，母亲从未在玫琳凯面前表现出担心，相反，

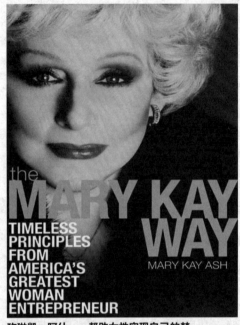

玫琳凯·阿什——帮助女性实现自己的梦

她总是表现出无比的信心。因为母亲以自己为荣，玫琳凯在各个方面都发愤图强，即使要帮母亲分担那么多家务，她在学校还是能够取得全优的成绩。

玫琳凯刚进入高中时，学校开设了打字课，她很快便喜欢上了这门课，她暗自决定要成为打字的高手。在很长一段时间，她一直都渴望得到一部打字机，但家里的经济条件却让她不忍心开口，谁知有一天，母亲突然抱出一台打字机作为礼物送给了她，她喜出望外。她又想到母亲的收入那么微薄，要花多少时间才能攒够钱买一部打字机啊！为了报答母亲，也是为了让她不失望，玫琳凯更加勤奋地练习打字，终于在班里的打字比赛中获得了第一名！

高中毕业后，眼看着其他好朋友都陆陆续续地上了大学，玫琳凯却因为家里负担不起学费而不能继续学习，她不得不选择了结婚，并很快有了三个孩子。而那时，她才只有18岁，为了抚养孩子，她和丈夫不得不去推销优质炊具，她经常在顾客的厨房里表演做饭，但却只能吃顾客剩下的东西。这几年推销工作的磨炼，对她日后的成功打下了很好的基础。

玫琳凯开创了自己的化妆品公司后，她计划写一本关于帮助女性如何获得成功的书，但她马上意识到自己应该设立一个计划。同仅仅给出建议相比，这个计划应该能为女性带来更多的帮助。这个计划后来演变为一个新的机遇，女性朋友们可以在这里发挥才能并不断地获得成功。她说："我建立公司时的设想是让所有女性都能够获得她们所期望的成功，这扇门为那些愿意付出并有勇气实现梦想的女性带来了无限的机会。"

 ## 海伦·布朗——从农村女孩到"《大都会》皇后"

　　海伦·布朗，她担任主编的《大都会》是全球销量最大的五家杂志之一，甚至引领了女性主义文化的潮流。作为获得"美国终生成就奖"荣誉的第一位出版界女性，海伦·布朗被美国人称作"传媒史中的传奇人物"。

　　海伦·布朗于1922年出生于阿肯色州格林弗里斯特市，她有一个姐姐，她的父母都是小学教师，收入并不高。在海伦七岁的时候，美国遭遇经济危机，当时很多人失业，即使有幸保住工作，工资也很低。这使得海伦一家的生活往往捉襟见肘，但即使是在这种情况下，母亲还是会想方设法缝制出非常漂亮的衣服，供她们在不同的场合展现自己的美丽。母亲这种对服装的热爱以及人们永远应该展示自己最美一面的观念深深地影响着海伦，这个看上去有些骄傲的小女孩一点都不喜欢那些土里土气的亲戚们，她反感他们浓重的口音，也不喜欢他们既没语法又没逻辑的话语。虽然知道他们都是老实本分的好人，但海伦却下定决心要走出他们的生活，为自己争取另一个完全不同的世界。

　　十岁那年也许是海伦最不愿回忆的年份。在那一年，她的父亲因电梯事故意外死亡，柔弱的母亲不知道如何独自一人支撑家庭，便带着两个女儿来到了她们的外婆家。在那里，她经常与姐姐一起坐在夜晚的星空下看电影杂志，两个爱做梦的女孩儿常常梦想好莱坞的生活。因为喜欢创作，海伦在学校经常会参加一些戏剧演出，但由于母亲非常重视她的学习，因此她也丝毫不敢松懈，

海伦·布朗——以美来影响所有爱美的女性

她努力学习，各科成绩都是优秀。海伦稍大一些后，母亲带着姐妹俩搬家到了洛杉矶，虽然那时经济危机已接近尾声，但母女三人的生活还是很贫困。然而祸不单行，就在此时，悲剧却再次发生，海伦的姐姐患上了脊髓灰质炎，只能在轮椅上度过余生，这个可怕的打击使全家人几乎心灰意冷，但她们又不得不继续生活。于是，海伦去一家广播电台担任播音员秘书，尽管每周只能挣到6美元，还要忍受老板的火爆脾气，但想到窘困的家庭经济状况，海伦便硬着头皮继续坚持。

然而值得庆幸的是，海伦最终遇到了一位好老板，他改变了她并帮她更接近梦想。26岁那年，海伦来到一家广告公司担任秘书，老板和他的妻子都非常善良，他们经常邀请海伦参加自己家的晚会，并带着她出入各种社交场所，为了报答他们，海伦开始努力工作，每天抓紧一切时间用在工作上，同时她开始学习关于商业的新知识，并在5年后成了一名广告文字专职撰稿人，这一切都为她执掌《大都会》这本美国著名的服饰杂志提供了无数的经验，这个农村女孩终于实现了自己的理想。

海伦说，我爱美，更爱创造美，我希望以美来影响世界上所有最美的女性，为此，我已奋斗了40多年，我还将继续努力。坚持不懈，这也是一种美丽！

J.K.罗琳——单亲母亲的魔幻世界

J.K.罗琳于1965年7月31日生于英国的格温特郡，父亲是一个飞机制造厂的管理人员，母亲是一位实验室技术人员。罗琳小时候是一个戴眼镜的相貌平平的女孩，性格也有点内向木讷。她没什么爱好，大部分时间都是在一个人默默地学习看书，她最喜欢的事就是写东西和讲故事。6岁的时候就曾写过一篇关于兔子的故事，而所写的故事主要是讲给自己小两岁的妹妹听，逗她开心地笑一笑，创作的动力和欲望，就是这样萌生的。

由于热爱英国文学，罗琳在大学期间主修法语。毕业后，她只身前往葡萄牙发展，和当地的一位记者坠入情网。有一次，在乘坐火车去看男友的路上，火车停靠在一个小站上，罗琳看到一个清秀瘦弱、戴着眼镜的黑发男孩装扮成小巫师，一直在车窗外对着她微笑，这便是后来风靡全球的哈利·波特的人物形象。由于当时手边没有纸和笔，罗琳只有把自己那些天马行空的想象记在脑子里，一回到家，她就迫不及待地开始了自己的创作。不久，她和男友结了婚并在三年后收获了一个可爱的女儿。但不久，生活琐事所带来的矛盾也随之而来，罗琳和丈夫之间开始越来越多地争吵。终于，在两人一次激烈的争吵之后，丈夫将她一个人扔在了街头。这次争吵宣告了他们婚姻的结束，倔强的罗琳带着三个月大的女儿回到了英国。

然而，单亲母亲的日子并不容易，由于找不到工作，她只能靠着微薄的失业救济金养活自己和女儿。公寓里没有暖气，屋子又小又冷，根本无法使人专心于写作，罗琳便经常带着女儿到家附近的一家咖啡馆里进行写作。她把哈

J.K. 罗琳——走出逆境就是成功

利·波特的故事写在小纸片上，越积越多，旁边放着装着女儿的婴儿车。在这个痛苦的过程中，罗琳甚至想过自杀，但女儿的哭声提醒了她——为了女儿，她更要坚强地活下去！

她的努力很快得到了回报，《哈利·波特与魔法石》一经出版便备受瞩目，好评如潮，获得了英国国家图书奖、儿童小说奖以及斯马蒂图书金奖章奖。罗琳终于把自己的梦想经由黑发小巫师哈利·波特的故事推向了世界，这个男孩成了风靡全球的童话人物。随后，罗琳又创作了《哈利·波特与密室》和《哈利·波特与阿兹卡班的囚徒》，轰动世界。2000年7月，随着第四部《哈利·波特与火焰杯》的问世，世界范围的"哈利·波特"热持续升温，创造了出版史上的神话。在接下来的几年中，罗琳又相继创作了三部"哈利·波特"，其销售势头一次高过一次，形成了一次比一次猛烈的"哈利·波特"飓风。

2001年的圣诞节，罗琳与一名麻醉医师在苏格兰的新居携手走进了婚姻的殿堂，并又有了一个儿子和一个女儿。罗琳凭借《哈利·波特》系列小说缔造了当代出版界的销售神话，同时也使她自己成了财富超越英国女王的超级富婆。那个曾经遥不可及的梦想，经历了几乎令人绝望的人生历程后，终于在罗琳的生命中大放异彩。这光彩照亮了她的人生，也照亮了全世界。

黛比·菲尔兹——"甜饼女王"的无畏童年

在全球拥有500间店铺的黛比·菲尔兹，是闻名全球的"甜饼女王"。黛比于1956年9月18日出生于加利福尼亚州的奥克兰，她的父亲是海军中修理机器零件的电焊工，母亲则是一名普通的家庭主妇，在她之上还有四个姐姐。虽然家庭并不富裕，但父亲经常会教育五个女儿说："我的财富不表现为金钱——它存在于我的家庭和朋友中间。"这种教育使她们都知道物质的财富不能决定人过得幸福与否，因此黛比从来不认为自己是穷人。他们全家人经常一起干家务，在欢乐的气氛中，黛比和她的姐姐们一样，形成了乐观、开朗、自信的性格。

在黛比13岁的时候，她想要一双滑雪靴，但她早已习惯了想要的东西只能自己争取，因为她坚信只要她愿意努力工作，她就能挣到自己想要的一切。幸运的是，她的姐姐帮她找了一份在奥克兰运动团担任捡球员的工作。黛比在工作的过程中总是投入极大的热情，每当有犯规球飞出界的时候，她就知道所有人的目光都集中在自己身上。她会飞跑着去捡每一个犯规球，并欢天喜地地把球抛回给裁判员。她活力四射的样子很快成为赛场上的一道风景。

在学校中，喜欢为他人制造快乐的黛比尝试用诸如把裙子弄得稍短一点点这样的违反纪律的行为来寻找乐趣，老师们被她逗乐了，也就不会惩罚她。但她的同学似乎并不怎么喜欢她，因为她漂亮的外表和与众不同的行为总让她显得与集体格格不入。15岁那年，黛比在一家百货商场得到了一份兼职工作，经理被她的热情感染，决定让她在圣诞节期间扮作小精灵，鼓励那些犹豫不决的孩子和圣诞老人合影；17岁时，她在海底世界公园与海豚一起滑水和表演，这些工作使黛比变得更加乐观和能干。

然而，17岁中学毕业后，由于成绩不好，她没有再继续读书，而是嫁给了比她大10岁的丈夫兰迪·菲尔兹。兰迪毕业于斯坦福大学，是一名有才气的金融顾问，两人在学历上的差距使黛比产生了不小的压力。不甘心做家庭主妇的黛比重返校园学习，虽然她开始用功学习，但始终无法缩小与丈夫之间的差距。就在沮丧之际，黛比想到了做自己最擅长的甜饼。有一次在家烤甜饼时，黛比发现自己做的巧克力夹心甜饼松软可口，十分美味，一盘盘甜饼刚从烤箱里拿出来很快就会被全家人一扫而光，这给黛比增添了不少自信。

这种感觉令她十分开心，她仿佛回到了活力四射的童年。她开始做饼，自信会做得更好。她成功了！她身上的那种自信、无畏成就了"甜饼女王"的美名。

 ## 艾曼·哈里里——用爱心搭建天堂

哈里里家族是黎巴嫩一个颇具神秘传奇色彩的家族，这个家族有一位总理父亲，有两位富豪儿子，他们的传奇故事被世人所传颂。艾曼·哈里里是被暗杀的前黎巴嫩总理拉菲克·哈里里的儿子，艾曼从小和父亲走南闯北，受到父亲影响很大。看着父亲为家族事业辛劳奔波，艾曼内心深处一直藏着一个梦想，那就是等自己长大后，一定要成为和父亲一样成功的人士。1982年以色列入侵黎巴嫩，黎巴嫩陷入战争与灾难之中。热爱慈善事业的拉菲克成立哈里基金会资助贫穷学生上学，并捐助救灾物资帮助黎巴嫩难民渡过难关。

父亲在战争与灾难面前的慈善行为深深地感动了小艾曼，他也决定以父亲为榜样，以自己的实际行动去帮助身边的黎巴嫩难民。思前想后，小艾曼决定搭建一个游乐场用来安置那些无家可归的小朋友。而搭建游乐场的资金、材料、帮手从哪里来呢？小艾曼陷入了沉思。突然，他灵机一动，想到自己平时经常去父亲的建筑公司用泥沙玩过家家的游戏，那里有很多废弃的水泥和塑料，而且还有一个大大的没有用处

艾曼·哈里里——梦想成就我

的储物间。想到这里，小艾曼兴奋不已，他跑去将自己的想法告诉父亲，希望得到父亲的允许，果然，他的想法得到了父亲的赞许和支持。当小艾曼独自跑到储物间准备动工时，他才发现自己一个人是不可能搭建好"游乐场"的，他需要更多的工人一起共同完成，但是工人从哪里去找呢？于是他想到了那些无家可归的难民们，战争摧毁了人民的生活，人们没有办法正常工作和学习，既然如此，为何不雇用他们来帮忙搭建游乐场呢？一方面他们可以在工作中得到报酬，另一方面也可以完成自己的游乐场，这真是一举两得的事情。拿定主意后，小艾曼用口头贷款的方式从父亲那里暂时筹到了资金，经过几天的招募，小艾曼找到了那些帮助自己搭建房子的工人，也筹备好了材料和水泥。不出半个月的时间，游乐场便建成了，建筑工人也将自己的小孩安置在这里。游乐场成了战争中小朋友的天堂，在这里他们一起玩耍、一起读书，战争的创伤在这里得到抚平。看到小艾曼为大家所做的一切，大家都非常感动，对他的爱心与创意加以赞赏，直夸他一定能够成为像他父亲一样优秀的成功人士。

儿时的梦想后来成为艾曼·哈里里的奋斗目标，他继承父业之后，将其发扬光大，成了闻名世界的建筑投资商。他常说，梦想成就我！

彼得·德鲁克——无处不是学习

彼得·德鲁克，被誉为"管理大师中的大师"。他一生共出版了29部著作，总销量超过了500万本，被译成多种文字发行到全球，这些著作被管理学人才奉为圣经。德鲁克在这些书中将自己在管理、工业化组织、商业战略、领导才能的培养以及激发员工积极性等方面的知识几乎倾囊相授。

德鲁克出生在一个优越的家庭里，父亲是一位经济学家和律师，在政府经济部担任高级公务员；他的母亲曾学过医，这在当时的妇女中是十分少见的；他的祖母是维也纳爱乐乐团的独奏演员；他的叔叔是维也纳首屈一指的法学家。他们一家人住在一幢由著名建筑师专门设计建造的豪华别墅里，同他家打交道的都是一些"上流阶层"的职业人员。他的父亲每周一都要举办法学宴会，赴宴的都是一些经济学家、公务员和声名显赫的大律师，他的母亲会在每个星期的后半周举行医学宴会。此外，家中还经常举办音乐宴会、文学宴会等。由于父母都对数学和哲学很感兴趣，甚至会有数学宴会。生活在这样一个环境中，德鲁克童年时从来没有进过学校大门，因为他可以通过耳朵来聆听他周围的不同语言的高谈阔论，耳濡目染地接受到很好的教育。虽然在此时世界正在经受着第一次世界大战，但这对德鲁克几乎没有影响，他

彼得·德鲁克——处处都是学习

甚至通过浏览带有粗黑边框的阵亡人员名单和讣告学会了认字。

11岁那年，父母为了让德鲁克学习书法，为他请了两位修女当老师，她们还负责教他烹调和缝纫。其中一位老师为德鲁克设计了一种自律的学习方法，好让他对自己的学习负责，那就是在每周开始时记下自己想学的东西，然后在每周结束时对照目标检查结果，这种方法使德鲁克的学习效果大大提高。同时，老师在发现他文学方面的特长后，还要求他每周写两篇作文，一篇由老师命题，另一篇则可以自由发挥，这种奇特的基础教育方式使德鲁克终生受益。

在家中接受完基础教育后，德鲁克被送入中学。有一次，一位"循循善诱的宗教老师"提了一个极富启发性的问题："你们想靠什么让其他人记住自己？"当时由于年纪太小，全班没有人能答得出，但德鲁克一直记得老师的这个问题，并在年龄稍大一些后一直力争按照这一人生准则去生活。中学毕业后，德鲁克没有按照父亲期望的那样直接进入大学，而是当了一名学徒工，因为他希望在社会实际工作中变得成熟，他讨厌以未成年的大学生为伍。在工作的同时，他还每晚都去市里的图书馆读书。

就这样，德鲁克通过自学而成才，无处不是学习，成了他的座右铭，他以此督促自己奋斗终生，学习终身，他也将此要诀注入自己编写的教材中，激励世界上的其他人。

凯瑟琳·库克——最年轻的女亿万富翁

现年23岁的美国新泽西州少女凯瑟琳·库克在自己15岁时创立了MyYearbook网站，现在该网站已发展成为继MySpace、Facebook之后的全

美第三大社交网站——拥有1000多万注册会员，市值为百亿美元，月访问量高达15亿人次。这个雇员70多人的网站每年仅广告收入就达1000万美元。而其现任总裁凯瑟琳·库克亦凭借这一网站成为全球最年轻的亿万富翁，并且被评为影响世界的20个少年之一。

2005年，15岁的库克和16岁的哥哥戴夫转学至新泽西州斯基尔曼市蒙哥马利高中。那时的凯瑟琳不怎么善于与同学交际，哥哥为了改变这种状况，便拿来纪念册与妹妹一起翻看，以便让她认识更多朋友。但令人失望的是，"里面找不到任何有关一名同学的有价值的东西"。于是他们便萌生了一个念头，为何不在网上创建一个主页，让同学们自己找照片上传呢？这样大家可以分享的其实可以更多，包括个人简历、感兴趣的电视剧、音乐甚至课堂笔记等。在认真考虑了这个想法的可行性之后，两个年轻人找到了他们的大哥——年长库克11岁的吉奥夫。这位毕业于哈佛的高才生不仅当即肯定了他们的想法，而且拿出25万美元，作为创建MyYearbook.com的启动资金。事实上，这笔钱是吉奥夫早年就读哈佛大学时通过创办自己的网站挣来的"第一桶金"。就这样，凯瑟琳开始了自己的创业之旅。

凯瑟琳·库克——实现梦想比赚钱更重要

由于吉奥夫曾有与印度工程师合作的经验，库克听从吉奥夫的建议专门从孟买聘请了编程团队帮助她构建网站。这一年的4月份，凯瑟琳的MyYearbook网站诞生了，这使得凯瑟琳从一个略显腼腆的小姑娘变成了校园中的"热门人物"。在吃饭和课间休息的时间，大家都热心和她探讨有关网站的问题，凯瑟琳也趁机吸收大家的意见，在网站上新增了游戏下载、视频上传等内容，她还根据网友的博客，在其中添加了最具代表性的Battles、MyMag等功能。

如今，MyYearbook.com网站在全美校园少男少女中人气排行第一，这主要得益于凯瑟琳自始坚持将其服务对象定位于13至22岁的青少年，网站全部设计和内容都围绕高中生兴趣，如怎样和暗恋的帅哥搭讪、哪个学长长得最帅、谁是校园内最漂亮的美眉、哪种分手的方式最酷等等。

据业内人士分析估算，MyYearbook的市值至少在数亿美元左右，这意味着，如果库克和她的两个哥哥将网站出售，即可成为亿万富翁。虽然投资商纷至沓来，可是库克并不为所动，在她看来，经营网站并非为了赚钱，而是为了追梦，和同龄人一起分享！梦想的实现比赚钱本身更令她感受到喜悦，或许这就是创业成功的内涵！

拉里·埃利森——经历过灰色童年的亿万富翁

作为美国甲骨文公司的创始人，拉里·埃利森在《福布斯》杂志亿万富翁排行榜中名列第四位，使他声名显赫的不仅是富可敌国的巨大财富，还有他敢做敢为的个性。他曾经去飓风中赛艇，并在暴风雨中人体冲浪。而谁能想象，如今春风得意的埃利森，曾像一个无家可归的孤儿一样徘徊在芝加哥的街头巷尾。

拉里·埃利森——成功从一无所有开始

埃利森出生在纽约，他是个私生子，他的母亲生他的时候还是个小女孩，在他出生后的九个月中，母亲和姥姥共同抚养他，在此期间他得了肺炎，差一点死掉。后来，埃利森被他母亲的姨妈带去芝加哥收养，他和姨姥姥、姨姥爷共同生活在一个类似贫民窟的地方，那里住着形形色色的犹太人，并且社会治安状况混乱不堪。虽然生活环境较差，但两位老人对埃利森疼爱有加，直到他12岁时，才知道自己原来是一个被人收养的孩子，而到了他25岁时，他才知道收养他的家庭与自己之间的血缘关系，但他从未想过去寻找自己的亲生父母，直到二位老人相继去世，他才见到了自己的母亲。

灰色的童年反而给了埃利森鲜明的个性，敢作敢为，勇于追求，他从小就是一个喜欢向权威挑战的人。他从不轻易屈服于老师、专家或约定俗成的条条框框，除非拿出确凿的证据证明某个观点绝对正确，否则绝对不能使他信服。中学时，他曾经因为学习上的问题和他的数学老师发生过很激烈的争执，因为那位老师用一种居高临下的强者口吻对他说："照我说的去做，因为我是大人，而你还只是个小孩子。"这时，埃利森选择争辩到底，绝不屈服。

高中毕业后，埃利森进入伊利诺斯大学学习物理和数学专业，两年后，他退学进入芝加哥大学继续学习。在此期间，他学会了如何编写程序，因为这是物理和数学专业学生的必修课。一年后，埃利森再次退学，这次，他彻底告别了大学生活。

随后，埃利森前往加利福尼亚并利用自己在大学中学到的本领找了一份电脑程序员的工作，在工作的过程中，埃利森的天赋得到了极大的展现，他的编程速度甚至比教过自己的教授们还要快。不久之后，埃利森辞掉工作去了爱国者公司，在那里，他师从有"小型机之父"之称的基恩·阿姆达尔，这为他之后的创业打下了坚实的基础。

随后，埃利森与朋友一起创办了甲骨文公司，公司最初的启动资金只有2000美元，埃利森作为最大的"股东"，"注资"1200美元，为了创办公司，准备结婚的埃利森不得不做了资产抵押，这使得他的生活捉襟见肘，幸运的是，风险资本家协会的主任之一堂·卢卡斯向他们提供了一笔贷款，才使得公司顺利渡过难关。这一年，他才32岁。

他说："经营软件公司不需要大量的资金，用点小钱就可以创业，所有伟大的公司都是这样开始的。微软和我们都一样。我们比微软资金更少，几乎一无所有，但我们都成功了！"

坎普拉德——从小钱到大钱

也许提起世界首富，你脑海中首先出现的是比尔·盖茨，那么另一位世界首富，坎普拉德，你了解吗？坎普拉德在儿童时代就已显示出过人的天赋。17岁就自己创办公司并发展成为当今的财富集团宜家公司，其奥秘是什么呢？

5岁时，坎普拉德看到庄园周围人家的火柴用量很大，但由于离集市很远，购买不便，所以火柴非常短缺，便灵机一动，求他的婶婶代他从集市花88欧尔买回了100盒。坎普拉德怀抱着火柴，先蹦蹦跳跳地找到他的奶奶，向她推销自己的商品。奶奶称赞完坎普拉德头脑机灵后，买下几盒火柴。初次尝到牟取商品利润滋味的坎普拉德又满怀信心地将火柴推销给左邻右舍。不到一天时间，他就把火柴全部卖了出去，从中赚了100欧尔。看着到手的100欧尔，坎普拉德异常兴奋，这种兴奋促使着他乐此不疲，先后推销过圣诞卡和墙帷，还骑着自行车满镇子穿梭，兜售新抓到的鱼。

出生于商人家庭的坎普拉德骨子里显然有经商的"基因"。他说，从年幼时开始，他就有着强烈的挣钱愿望，坚信自己必能成功。

11岁那年，他从一家种子店贩卖树种到一家农场，赚了一笔钱，将妈妈给他的那辆旧自行车扔掉，买了辆新自行车和一台打字机，那是他人生中第一笔"大买卖"。

坎普拉德17岁那年，由于学业优良，父亲给他一笔钱作为礼物奖励他。坎普拉德用这笔钱开办了自己的贸易公司Ikea。善于观察、思考，在任何时候都能找到商机可以说是坎普拉德又一个成功的原因。坎普拉德如今以约314亿美元身家排名世界富豪榜第七位，但这名亿万富翁却是出了名的"吝啬鬼"。对于被扣上"小气"的帽子，坎普拉德大度地说了句："我小气，我自豪。"坎普拉德至今仍然开着一辆已有15个年头的旧车，而且乘飞机出门向来只坐经济舱。甚至有人常看到他在当地的宜家特价卖场淘便宜货。不仅如此，坎普拉德基本不穿西装，而且总是光顾便宜的餐厅，还会为买了一条像样的围巾、吃了一顿瑞典鱼子而心疼老半天。在公司，他向来要求员工用纸的正反两面写字。

坎普拉德——一分钱都要爱惜

节俭，从小钱到大钱，是宜家公司员工从上到下奉行的传统。也许正是因为坎普拉德如此节俭，宜家才能从当年瑞典农庄里的一间"小铺"，变成全球最大的家居用品零售商。

山姆·沃尔顿——财富来自小气

山姆·沃尔顿，世界最大超市集团沃尔玛的创始人，世界首富，曾获布什总统颁赠的自由奖章，被誉为"地道的美国人，具体展现了创业精神，是美国梦的缩影"。

1918年，山姆·沃尔顿出生在美国俄克拉荷马州的金菲舍镇，是一个土生土长的农村人。从小，家境就不是很富裕，父亲干过银行职员、农场贷款评估人、保险代理和经纪人，是个讨价还价的好手，而且总能和交易的对方成为朋友。母亲是一个普通的劳动妇女，养成了许多良好的生活习惯。她很爱读书，对人热情，做事勤奋，将家里人都照顾得很好。而且由于家境不好，母亲一直很节俭，这些品质后来都被山姆继承下来，为他以后的成功奠定了基础。

7岁的时候，山姆就开始打零工了，他靠送牛奶和报纸赚得自己的零花钱，另外还饲养兔子和鸽子出售。18岁的时候，山姆进入密苏里大学攻读经济学学士学位，并担任过大学学生会主席。毕业后正值二战爆发，山姆毅然参军，在陆军情报团服役。二战结束后，山姆回到故乡，他向岳父借了2万美元，和妻子海伦开了一家小店，学会了采购、定价、销售。一次偶然的机会，山姆学到了连锁、零售的好处

山姆·沃尔顿——失败也要保持乐观

和实惠。他说："如果我用单价80美分买进东西，以1美元的价格出售，其销量是以1.2美元出售的三倍！单从一件商品上看，我少赚了一半的钱，但我卖出了三倍的商品，总利润实际上大多了。"

山姆创业之初，零售业市场上已经存在了一大批颇具规模的公司，这些企业认为小城镇利润太小，不值得投资。但山姆认为在美国的小镇里同样存在着许多商业机会。用山姆的话说就是："如果他们（消费者）想购买大件，只要能便宜100美元，他们就会毫不犹豫地驱车到50公里以外的商店去购买。"

为了赢得这些顾客，山姆将"低价销售、保证满意"作为企业的经营宗旨。他坚持每一种商品都要比其他商店便宜。为了达到这个目的，山姆开始提倡低成本、低费用结构、低价格、让利给消费者的经营思想。在创业之初缺少资金的情况下，他带领员工自己动手改造租来的旧厂房，研究降低存货的方法，为实行真正的折价销售奠定成本基础。开始的时候，公司目标利润定在30%，后来降到22%，而其他竞争对手仍维持45%的利润。在这样的情况下，自然吸引了大批顾客。

最低价原则并不意味着商品质量或服务的低劣，山姆则这样评价其员工的满意服务："只要顾客一开口，他们马上就去做任何事。"低价高质就是山姆做事的基本核心。在这样的经营策略之下，小店很快就扩大规模，廉价的商品、优质的服务引来了四面八方的顾客。1962年，山姆·沃尔顿在阿肯色州罗杰斯城开办第一家沃尔玛百货商店。1969年10月31日成立沃尔玛百货有限公司。2013年，沃尔玛已跃居全球500强企业第二位。

山姆·沃尔顿一生都在勤奋工作，金钱对他来说只是一个符号，他常说："成功亦大力庆祝，失败亦保持乐观"，"超越顾客的期望，控制成本低于竞争对手"。

戈登·摩尔——"英特尔"之王

在计算机里，CPU是大脑与核心，在IT领域里，世界第一大CPU的生产商Intel公司则是核心，它的创始人之一就是戈登·摩尔。

1929年初，戈登·摩尔出生于美国加州的旧金山，他的父亲没有上过学，很早就打工养家，还做过一段时间的小官员，虽然不算太富裕，但一家人其乐融融。在摩尔11岁时，有一次很偶然的事情让他对化学产生了浓厚的兴趣，那是邻居家的孩子收到了别人送的圣诞礼物。这个礼物非常独特，它是一个小小的化学装置，里边装着很多化学试剂，可以用来制作很多稀奇古怪的东西，甚至还能制出微量炸药。小摩尔对这个装置简直入了迷，他每天都要跑到邻居家去折腾这个小玩意。从那时起，他希望自己以后能成为一名化学家。读中学后，摩尔对枯燥的文法学习不是太用功，但化学的学习效率却很高，所以尽管他经常跑出去玩，搞些小发明，但他的总体学习成绩却一直不错。从中学毕业后，他顺利考入加州伯克利分校学习化学。这是一所著名的学校，他在这里勤奋学习，如鱼得水。21岁时，他终于获得了学士学位。4年后，又获得了物理化学的博士学位，实现了自己年少时的梦想。

几年后，受到诺贝尔奖得主、晶体管的发明者之一威廉·肖克利的邀请，27

戈登·摩尔——执着于自己的追求

岁的摩尔又回到了加利福尼亚，以一名化学家的身份加入了肖克利的半导体公司。这也正是他想要走的路，因为他不再想仅仅是做理论上的研究，而想真正脚踏实地地做些事情。

事实上，他加入这家公司的决定是正确的，因为他在这里碰到了自己一生中最重要的合作伙伴，一起成就了伟大的事业。这其中有罗伯特·诺伊斯、布兰克、拉斯特，都是非常有名的人物。当然，也有一些事情不尽如人意。肖克利虽然很有天赋，但在经营上却缺乏能力，导致实验室没有研究出一个像样的东西来。就这样，公司里八个有理想的人决定一起"叛逃"，而领头人便是诺伊斯，他是摩尔后来最好的朋友。他们一起向肖克利递上了辞职信，被肖克利骂成是"八叛逆"，但在这八个人之后取得成功时，他又改称他们为"八个天才的叛逆"。

戈登·摩尔和诺伊斯在加州的一个旧楼房里创立了英特尔公司。最初的名字是"Moore Noyce"，因为和"more noise"（吵吵闹闹）很相似，便改成了"Intel"（英特尔）。它是"Intelligence"（智慧）的开头部分，同时还和"Integrated Electronics"（集成电子）很相似。就这样，一个很简单但很响亮的名字诞生了。摩尔的梦想在经过许多年摸索之后开始走上腾飞之路。

随着个人电脑在全世界获得了巨大的推广，给电脑提供核心配件的Intel从一个小小的生产商发展成一个世界闻名的大型企业。这其中，戈登·摩尔的卓越贡献是不可或缺的。追随梦想，不断前进，不管有多少曲折，不论被人怎样误解，都要执着于自己的追求，这就是戈登·摩尔。

托马斯·沃森——捣蛋鬼的志向

　　小汤米，当我们听到这个名字的时候，也许会以为是一个小家伙的名字，其实不然，他是美国IBM公司（国际商用机器公司）的开拓者，也被美国称为有史以来最伟大的资本家——小托马斯·沃森。

　　1914年，小托马斯·沃森出生于美国俄亥俄州的代尔顿，因为父亲是IBM公司的创始人，他从小就生活在一种养尊处优的氛围里。这些，也是一种极可能导致走向毁灭的因素。因此，他的少年时代极其缺乏上进心，在大学时期甚至整日沉迷于学开飞机，后来经过反复补习才勉强能够毕业。也正因为他的贪玩，"捣蛋鬼小汤米"的称呼得以陪伴他的终生。

　　第二次世界大战爆发后，小沃森加入了美国空军，干起了自己最喜爱的专长，开飞机，也许是军旅生活的艰苦与磨炼，使得小沃森得以自我成长，在性格和能力方面都有了很大的进步，并在29岁时晋升成为空军中校。退役后的他对自己充满了信心，相信自己有能力经营好IBM公司，但在父亲心里，他依然是个不懂世事的孩子。在小沃森的眼里，父爱是伟大的，每次在一些重要的公共场合，父亲总是极力夸耀自己，说自己多么才思敏捷，而在工作中，对他却是极为严厉，甚至经常因为一些不同的意见而互不相让。有一次，小沃森

托马斯·沃森——守成比创业更艰难

提出想最快速度地发展计算机的生产和研制，这就要求增加数以千计的技术人员，还要耗费数千万美元来修建实验室和工厂，虽然父亲也意识到了这一点，但却在巨大的风险面前拒绝了。

在沃森小的时候，他常被父亲带到公司所属的一些工厂，看到流水线上的各种配件，还有不时散发出的浓烈的金属的刺鼻味道，都给小沃森留下很深的印象。也许是受父亲影响，自小就萌生了子承父业的念头。在小沃森的记忆中，父亲无时无刻不在教育自己，而自己也无时无刻不在向父亲学习。很多次，小沃森随同父亲一起旅行，旅途结束时父亲总要给那些行李工人很多小费。父亲说，行李工人的工作很辛苦，要懂得关心他们，而且虽然他们地位低微，但如果不知道关心他们的生活，他们一样可以让你名誉扫地的。这也给小沃森在日后的经营公司时以极大的启发。

小托马斯·沃森或许是幸运的，因为他出身显赫，但财富并没有束缚住他的步伐，反而成了他的助推器。他继承了父亲的成功，又将父亲的事业推向最高峰，守成比创业更难，因为这是创业之上的创业！

 T.J.罗杰斯——硅谷坏小子

T.J.罗杰斯，出生于威斯康辛州，他的父亲是一个二手汽车的销售商，母亲是一个小学教师。罗杰斯的母亲不仅接受过良好的教育，而且还取得过无线电学学士学位，在母亲的熏陶下，家中一直充满了一种热爱学习的气氛，这使得罗杰斯从小就非常聪明。有一次，母亲奖励给他半个西瓜，但他很快便拿着半个西瓜在家门口叫卖了。而作为汽车经销商的父亲工作业绩出色，有着稳定的商品销售渠道，并与顾客保持着良好的商业交往联系。富裕、安逸的家庭环境使得罗杰斯成了一个聪明狡黠的自信大男孩。

在达特茅斯大学读书期间，罗杰斯不改旧时作风。当时，他担任校足球队的后卫。在一次比赛中，对方有一个又瘦又高的中场队员，虽然体格健壮，但动作却很笨拙。比赛过程中，罗杰

T.J. 罗杰斯——运用财富比财富更重要

斯一直盯死对方，整整一场比赛都在与那一个人死缠烂打，令那人完全无法施展。比赛结束后，罗杰斯原以为教练会大发雷霆，没想到教练却鼓励他"干得不错，把那家伙折腾得够呛"。而没能有机会与那家伙再一次交手，也成为罗杰斯的一大遗憾。

在学业方面，罗杰斯一直都很出色，在读高中时，他的成绩非常优秀，但当他进入人才济济的大学，就显得有些暗淡无光。骄傲的他开始埋头苦读，到了大学二年级时，甚至离开了自己喜欢的校足球队，以便有更多时间学习。在发现自己对化学专业兴趣转淡时，他又选择了物理学专业，并最终以化学和物理学两个学士学位从达特茅斯大学毕业。然而，好学的罗杰斯并没有就此结束自己的学习旅程，而是进入位于加利福尼亚州的斯坦福大学继续深造，学习电子工程。

在斯坦福大学，罗杰斯依然保持自己特立独行的个性。有一次，罗杰斯发明了一项成果，校方要求他将这项成果的专利权归属到学校名下，罗杰斯不但没有妥协，还掷地有声地答复："我的发明专利权是我的个人成果，理所应当只属于我一个人，我绝不会将它平白无故地转送给你们。"在斯坦福大学读书期间，罗杰斯一共申请了两项发明成果的专利权，他还经常与同学们一起讨论

经商之道。

从斯坦福大学毕业后，罗杰斯进入AMD公司，有一次，罗杰斯在办公室接到一个风险资本家的电话，这位资本家讲起一个投资计划。罗杰斯认真听了以后，发现计划根本行不通，罗杰斯不想坏他人好事，但还是忍不住建议那位资本家给自己一笔资金，他会创办出一家更好的公司。他迅速在头脑中构思，理出了几点切实可行的建设，谁知不仅这个建议获得那位资本家连声赞同，他还约罗杰斯见面详谈创业计划。罗杰斯就在前去会面的飞机上飞快地草拟了一份长达7页的公司运营计划，这份计划令资本家非常满意，他最终给罗杰斯贷款750万美元。罗杰斯运用这笔本钱作为启动资金，创办了赛普拉斯半导体公司。如今，这家公司的年收入已达13亿美元。

无可置疑，天资是一笔财富，学习是增值手段，关键要看如何运用。成功者，必有自信的胸怀，坚定的步伐，抓住自己已有的，争取潜在的，胜利就在前方招手。

 ## 杰克·韦尔奇——成功从自信出发

是谁，能在短短20年，将公司的市场资本增长30多倍，从世界排名第十提升到第一，是谁，能被称为世界头号企业家和CEO。他就是原通用电气总裁杰克·韦尔奇。

1935年的冬天，韦尔奇出生在美国的一个普通的家庭，父亲在一家铁路公司工作，不多说话，性格沉稳。大部分的时间里，韦尔奇都和母亲待在一起，他是家里唯一的孩子，但身材瘦小，稍有口吃，所以一直以来都很自卑。在他的一生中，对他影响最深的，应该就是他的母亲了。他的母亲虽然很晚才有了韦尔奇，但并不像别的家庭那样溺爱自己的孩子。母亲知道他的自卑，不仅没有责怪他，反而不断地想办法提高他的意志力和耐力，这正是韦尔奇极其尊重和崇拜母亲的原因，以至于他后来这样形容自己的母亲："她很有权威性，总是想办法让我觉得自己什么都可以干，是她让我学会了独立自信。每当我要犯错误的时候，她总要把我拽回来，虽然

杰克·韦尔奇——缺陷也能成就一个人

措辞严厉，但都是正面而且具有建设性的，总能让我振作起来。"

直到成年，韦尔奇还稍微有点口吃，但母亲说这算不了什么，并鼓励他，只要坚持和别人交流，让别人认识理解自己，才能掌握自己的命运。母亲说，只要我们不要太在意自己的缺点，而是不断地努力去提高自己，缺点也就会慢慢消失。也正是这一点，自卑的杰克·韦尔奇终于用自己的努力赢得了商业界的尊重，弥补了自己的缺陷。

从小就喜欢运动的韦尔奇，常到其他城市去参加曲棍球比赛。为了能培养他独立自主的能力，母亲总是把他送到火车上，让他自己去参加比赛。母亲对他的鼓励和影响一直陪伴着他。从中学毕业后的韦尔奇，没能像其他朋友那样如愿地考入哈佛、斯坦福、耶鲁这些名校，而是进了马萨诸塞州大学。这一度让他感到非常沮丧，但母亲告诉他，一定要面对现实，做最好的自己。就这样，他丢弃了之前的自卑和沮丧，努力学习，顺利完成了自己的学业。后来他说："如果当时我进了那些名校，和我一起长大的同学们会把我挤下去，虽然

我进了这所不知名的学校，但在这里我收获了为我人生打下基础的自信。"

对杰克·韦尔奇来说，口吃的缺陷让他成为自己不断努力和进步的动力，而他伟大的母亲，成为他受用一生的精神支柱。所以，有缺陷并不可怕，但更重要的是要有改进缺陷和为自己创造财富的自信。

沃伦·巴菲特——人生就是要创造财富

在2008年的《福布斯》排行榜上，有一个人的财富超过比尔·盖茨，成为世界首富，他就是沃伦·巴菲特。

1930年8月30日，巴菲特出生于美国内布拉斯加州奥马哈市的一个中产阶级之家，他的父亲是一位股票经纪人。也许是受父亲的影响，年幼的巴菲特对拥有金钱的感觉十分着迷。他的第一个玩具是一个绑在手腕上的金属货币兑换机；他钟情于数字的程度远远超过了家族中的任何人，做数学计算题，特别是用极快的速度计算复利利息居然是他儿时最喜欢的一种消遣娱乐方式。同时，小巴菲特也极具投资意识，他满脑子都是挣钱的想法，5岁时就在家门口摆地摊兜售口香糖，稍大后他带领小伙伴到球场捡大款用过的高尔夫球，然后转手倒卖，生意颇为红火。这个早熟的少年不仅聪明，而且勤奋刻苦，他可以就美国城市人口问题滔滔不绝地谈上半天，他在小学的时候，就因为学习成绩优异而跳级。

8岁的时候，巴菲特就开始阅读有关股票市场方面的书籍，并开始绘制有关股票市场价格升降的图表；10岁的时候，他在父亲的经纪人业务办公室填写有关股票与债券的文件；1942年4月，11岁的巴菲特购买了平生第一张股票，并赚了5美元。进入中学后，巴菲特的学习成绩很糟，但他利用课余时间做报童，并和朋友花25美元买零件组装了一台弹球机，把它出租给繁华的威斯康辛大街的一间理发店，以此来赚取外快。上高中时，他从父亲手中买下了一家农场，再将它出租，坐收租金；高中毕业时，巴菲特已经积聚了大约6000美元的财富，这个年轻人赚的钱比他的老师的薪水还多。

沃伦·巴菲特——成功可以帮助更多的人

1947年，巴菲特进入宾夕法尼亚大学华顿商学院攻读财务和商业管理。但他觉得教授们讲授的空头理论不过瘾，两年后便不辞而别，进入尼布拉斯加大学林肯分校。在那里，他依旧兼任多份兼职，积累自己的财富。1950年，19岁的巴菲特大学毕业，申请哈佛大学商学院被拒之门外，但却幸运地考入哥伦比亚大学商学院，师从有"华尔街教父"之称的著名投资学理论学家本杰明·格雷厄姆，他教授给巴菲特丰富的知识和投资股票的诀窍。1951年，21岁的巴菲特以最高成绩A+师满出山。

可以看出，巴菲特从幼年起就在努力积累自己的财富，从小小生意精到"股神"，每一步投资都比较稳健。如今，年过八旬的巴菲特身价已达到620亿美元，但钱并不是他人生的终极梦想，他热衷于慈善事业。由他发起的"巴菲特午餐"从2000年起每年拍卖一次，并从2003年起转为网上拍卖，所得善款全部捐给美国慈善机构，在第十一届慈善募捐中，巴菲特的午餐拍卖达到创纪录的263万美元，这远远超过了美国前总统布什的竞选筹款餐会"入场券"的价格。巴菲特执着追求的，不是金钱，而是金钱带给他成就自己、帮助别人的力量。

比尔·盖茨——从哈佛退学去追梦

提起"世界首富",相信大多数人第一个想到的便是比尔·盖茨,他凭借自己的微软公司,在1995年到2007年的《福布斯》全球亿万富翁排行榜中连续13年蝉联全球富豪排名第一。

比尔·盖茨,1955年10月28日在美国西雅图市出生。盖茨自幼家境富裕,他的父亲威廉·亨利·盖茨是一位杰出的律师,他的母亲玛丽·盖茨是一位教师,盖茨在家中三个孩子中排行第二,是唯一的男孩。

盖茨就读的中学是西雅图湖滨私立中学,这所学校不仅教育严格,而且有相当浓厚的学术氛围,鼓励学生开拓创新。就是在这里,就热衷于电脑游戏的盖茨发现了自己一生事业的重心——电脑,也就是在这里,他结识了未来的创业伙伴保罗·艾伦,两人自此结下了深厚的友谊。

1968年,西雅图湖滨私立中学董事局为了让学生对电脑科技有所了解,决定租用学校附近通用电气公司电脑的"机器时间"。13岁的盖茨便有机会在学校接触电脑,他和艾伦经常离开课堂,溜到电脑教室肆无忌惮地擅自使用"机器时间",他们开始利用闲暇时间设计电脑程序。由于大量学生的使用,

比尔·盖茨——梦想是成功的支撑点

学校要支付的"机器时间"租金急剧增加，只得对使用电脑的时间作出限制，这便远不能满足盖茨和艾伦的需要。这时，机会悄然而至，二人被招聘进入一家叫作"电脑中心"的公司找存在于PDP—10型电脑程序中的错误。他们开始通宵达旦地工作，但丝毫不觉得辛苦；相反，他们沉迷于程序字符串成的海洋，如鱼得水。随着工作技巧的日益精进，他们很快找出了电脑程序中的所有错误。

1971年，艾伦毕业，两人实施第一个创业计划—成立一间专门为西雅图市的交通管理系统设计程序的交通数据公司，并凭借几笔生意总共赚了两万美元。

1973年秋季，盖茨高中毕业，在父母的催促下，他最终还是选择了去哈佛大学攻读法律。然而进入哈佛的盖茨内心却还在做着"电脑梦"，每次与保罗见面，两人的话题都是何时能成立一家电脑公司。1975年，盖茨和艾伦创立了微软公司，而此时的盖茨还不到20岁。大学三年级的时候，盖茨为了迅速抓住微软发展的机会，不惜从哈佛退学，正式开始缔造自己的"微软王国"，并终获成功。

热爱梦想，努力奋斗，使它成为自己事业的支撑，为自己带来财富和成功，是值得我们每一个人思考的问题。

 ## 迈克尔·戴尔——把电脑当玩具的神童

有谁能完全靠自己，在16岁买下属于自己的宝马车呢，他就是戴尔电脑公司的董事会主席，迈克尔·戴尔。

1965年2月23日，迈克尔·戴尔出生在美国休斯敦市的一个普通人家里。12岁时，他就能在一些集邮杂志上刊登广告并赚取广告费，因此获得了近两千

迈克尔·戴尔——重点是怎样去施行

美元。后来，他用这些钱给自己买了一台电脑。而在这次生意中，他学到了很重要的一点，那就是越过中间的商贩，可以为自己带来更多的利润。不久以后，他怀着极大的好奇心和冲动，将自己昂贵的电脑拆开，只是为了搞清楚电脑的工作原理。16岁那年，他在上中学时找到了一份工作，就是帮助当地的邮报征集用户。他将注意力转移到了新婚夫妇身上，并请同学帮忙，将那些刚刚登记结婚的新人的个人信息抄录下来，如家庭住址和姓名等，再将这些信息存入电脑，同时向他们邮去自己设计的很有特色的信，并让他们免费享受两个星期的邮报。就这样，这些新婚夫妇很高兴地订下了邮报。他大获成功，赚取了近两万美元。他用这些钱为自己买了一辆宝马车，心里的那份成就感，别提有多么美了。

戴尔在中学毕业后，遵从了父母的意愿，在得克萨斯大学学习医学。但到了第二年，因为本性难移，过度迷恋电脑，而且相信自己能在个人电脑领域有所成就，便辍学从商，专营电脑的改装和销售。有一次，他发现当地的很多计算机批发户在进货后不能将产品及时销售，而普通的电脑用户又对买下的计算机产品的配置很不满意。就这样，他低价从批发商那里买回计算机，再将这些计算机适当改造，比如增加一些内存和驱动器等，再在各种报纸上做些小的广告，以比市场价低一些的价格出售自己的产品，很快他改造的计算机就被抢购一空，获利丰厚。戴尔后来在回忆时说道，因为用户想要的服务和批发户的高价产品实在是有很多差别，这也就给我提供了很多商机。从这一点可以看出，戴尔非常懂得观察，能将用户和商人之间的矛盾加以利用，并最终为自己服务。也许就是当时的这一举动，为日后戴尔的成功奠定了坚实的基础。

19岁那年，戴尔用1000美元注册了自己的第一家公司。也许是受以前的自己的启发，他坚持跳过批发商，将电脑产品直接卖到用户手里，节约了很多的成本，赚取了更多的利润。同时，他不拘泥于常规，而是按照用户的个人需求为他们组装适合自己配置的电脑，这也让戴尔电脑公司的影响广为传播。2008年，戴尔在全球最佳品牌100强中位列第32位。

戴尔从不后悔辍学从商，他说："真正投身于商业需要很大的决心，我自己有个结论：只要想好了，就应该去做！"

 谢尔盖·布林——坚持创造奇迹

谢尔盖·布林，38岁时，依靠198亿美元的身价名列《福布斯》的第24名，这不得不说是一种奇迹。他就是Google公司的创始人之一，现任Google董事和技术部的总监。

1973年8月，谢尔盖·布林出生在苏联的一个普通犹太人家庭。5岁时，他随父母一起来到美国，从此开始了他的美国梦。中学毕业之后，布林考上了马里兰大学数学专业，父亲迈克尔希望他能像自己一样在数学领域获得卓越的成绩。布林因为学习成绩优秀，他在攻取了理学学士学位后还拿到了一个奖学金，随后进入斯坦福大学学习。但他并没有按照父亲给他计划好的路线发展，他在斯坦福大学攻读博士学位的时候，选择了休学，和同窗好友拉里·佩奇共同创建了后来人人皆知的Google公司。

原来，谢尔盖·布林在进入大学后不久就对搜索引擎方面的东西产生了极大的兴趣。他单独完成并发表了很多关于关键字索引和信息收集方面的论文，

谢尔盖·布林——坚持不懈地追求

还写出了一些测试性程序。22岁时，他在斯坦福大学新生欢迎会上，被分配负责帮助刚刚来到这里的研究生新生拉里·佩奇熟悉校园方面的事情。每到周末他们就一起在校园里转悠，慢慢地就建立了深厚的友谊。后来有一次，《经济学人》杂志在访问他时，谢尔盖·布林开玩笑地说："事实上，我们俩有时候都觉得挺讨厌彼此的。"的确，他们几乎在大部分的课题上都意见相左，然而深厚的友谊让彼此又特别珍惜对方，尤其是他们在学术上都有超乎常人的智商，可谓心有灵犀。

在二人搭档中，布林研究开发资料勘探系统，而佩奇则主攻拓展从一篇论文在其他论文里的引用量来判断它的重要性这个概念。就这样，他们一起合作编写出了一个大规模的网络搜索引擎。为了能实现这个计划，他们用宿舍里的廉价电脑编写出程序，然后在网络上测试刚刚开发的搜索引擎。一开始，这个软件只是优先为斯坦福大学的学生和老师以及管理人员使用，没想到不久之后，这个引擎在学校里迅速推广应用，他们还获得了学校技术认证中心的支持，把他们的发明申请了专利。再后来，他们发现仅靠学校里有限的硬件基础设施很难让他们的计划得以迅速发展，因为他们认为自己已经创造出了一种全新的搜索引擎。为了全身心地投入到新搜索引擎的推广工作中去，他们便停止了有关学位方面的课程，坚定地按照自己的发展计划向前走。当然，他们成功了！

今天，我们很大程度上并不支持像他们那样中途休学去实现自己的奋斗目标的做法，因为我们的国情和学习环境各有不同。但他们这种永不放弃的毅力，还有坚持不懈的追求，是值得我们每一个人去学习的。

史蒂夫·鲍尔默——爱激动的孩子

有一个天才美国人，他在高中时曾获得全美数学竞赛的前十名，在美国式高考SAT中考了1600分的满分，还很容易激动，一激动就重复自己说的话。这是一个任何时候都充满激情和活力的人，这就是赫赫有名的微软公司首席执行官——史蒂夫·鲍尔默。

史蒂夫·鲍尔默的外祖父是个美裔犹太人，曾在底特律靠卖汽车上的旧零件维持生活。小鲍尔默每个月都会从外祖父那里得到6美元的零花钱，得到钱的他并不和其他孩子一样去买零食，而是交给母亲攒起来。小时候养成好习惯造就了成功后的他总是对自己的员工很慷慨，但对自己却十分节俭的原因。因为父亲对孩子们管教非常严格，所以儿童时代的鲍尔默总是想尽办法去迎合自己的父亲。父亲没有上过大学，所以他一直对鲍尔默寄予厚望，希望他能圆自己的大学梦想，考上著名的哈佛大学。成名后的鲍尔默回忆说："父亲总是说放弃的人出生之前就已经放弃了，如果你想成功，就一定不能放弃。"

没有人相信，活力四射的鲍尔默在儿童时代并不像后来的他一样胆大开朗，相反却很害羞。直到上了学，接触了很多同学后，鲍尔默才慢慢树立起自己的

史蒂夫·鲍尔默——年轻人就应该有梦想

自信。那个时候，他参加了底特律私立学校的橄榄球队，他是后卫队员，喜欢穿着黄色的夹克，拼命地往前冲。后来上了高中，他对读书和运动都有着很大的兴趣，无论是学习还是比赛，他都喜欢争第一，总是有一股不服输的拼劲，对赢得胜利有着难以想象的执着。凭借这股牛劲，他终于在美国SAT中获得了满分，还取得了美国高中毕业生的最高荣誉——美国优秀学生奖学金。值得一提的是，他在母亲的鼓励下，参加了全美数学大赛，取得了前十名的好成绩，就是这个荣誉，让他得以实现父亲的梦想——进入哈佛大学学习。

18岁时，鲍尔默正在读哈佛大学的二年级。他认识了对他一生来说最重要的朋友，一个满头红发的瘦子——比尔·盖茨，他们是在一起观看电影《雨中情》和《橙色钟表机械》时认识的，看完以后，他们还兴高采烈地唱起了剧中的歌曲。他们惊喜地发现，两人对数学、科学研究以及拿破仑都有着无与伦比的激情，便搬到了一个宿舍去住，在这里，他们谈天论地，你争我吵，成为一对难得的知己，甚至因为对一个问题的不同看法吵得别的宿舍难以入睡，被同学们起了个外号——"雷电房"。

正是这份真挚的友谊，还有对所有事情的激情追求，促使他们一起研究，一起创业，最终取得了举世瞩目的成就。年轻的梦想，执着的追求，开放了鲍尔默的胸怀，也开拓了他的事业。

 杰瑞·桑德斯——从反面学习的"硅谷天才"

提起杰瑞·桑德斯，也许很多人并不知道，但提起大名鼎鼎的"速龙"、"毒龙"处理器，不知道的人可能很少，而杰瑞·桑德斯正是生产了这两种处理器的AMD公司的创始人，这个被称为"硅谷天才"的成功人士，也曾误入歧途。

桑德斯成长于美国伊利诺伊州芝加哥市，在他四五岁的时候，父母便离婚了，他和弟弟便分别交由祖父母和外祖母抚养，而他的父母又各自再婚，并各有了五个孩子。祖母一直对桑德斯疼爱有加，而桑德斯的祖父是一名助理电力工程师，是一个既严厉又苛刻的人，经常打击桑德斯是一个"粗陋的

桑德斯——失败是成功之母

爱尔兰人"，"除了所学到的那一点点东西便一无所获"。而桑德斯则把这看作是一种激励，他要用行动告诉祖父他对自己的看法是错的，于是，他在学校刻苦学习，甚至由于成绩优异而在中学毕业时被选做学生代表在毕业典礼上致告别演说。但这种努力并没有使祖父对桑德斯改观，他希望桑德斯能够多学些让他在社会上立足和谋生的东西，最好能成为一名工程师，这样他就可以独立挣钱养活自己，而不再是个负担。在桑德斯大学毕业的时候，祖父不仅没有去参加他的毕业典礼，还在他回到家后郑重其事地给了他一张滴水不漏的账单，上面罗列着桑德斯的一些大小花费，他认为桑德斯有能力的时候就应当偿还欠自己的钱，而桑德斯只是觉得祖父的这种行为"太缺乏男子汉气魄"。

在桑德斯18岁那年，他的命运又发生过一次重大转折。那时的他跟一帮帮会的狐朋狗友一起鬼混，他的一个朋友为了一个女孩与帮会大哥争风吃醋，二人最终决定搏斗。不愿袖手旁观的桑德斯前去帮忙，没想到朋友竟在打斗中落荒而逃，留下他一人孤军奋战。结果他被对方打得遍体鳞伤、奄奄一息，幸亏被及时送到医院才捡回一条命，但他的前额却被打得陷进去一块，鼻子也留下了永久性的伤痕。这件事使桑德斯得出了两条经验教训：一条是不要依靠一个

自己并不真正了解的人，另一条则是现实生活实际上是不公平的。

桑德斯回到校园，重新埋头苦读，并以优异成绩毕业。大学毕业后，桑德斯与朋友合作一起创办了金童公司，这是一家生产集成电路的公司。在包括桑德斯在内的一批创业元勋的共同努力之下，公司很快发展壮大。但令桑德斯沮丧的是，由于自己是一个力主打破陈规陋习的人，因此尽管他的出色业绩有目共睹，却因仗义执言而不可避免地结下许多仇家。他们的恶意诽谤使公司总裁莱斯·霍根最终解雇了他，桑德斯于是暗下决心，要证明给他们看，他们这样对待自己是错误之极的。他独立创办了AMD公司，业绩蒸蒸日上，而原先的金童公司却因经费不足和老臣离巢而面临倒闭。

在桑德斯看来，成功离不开学习，知识是需要学习的。人生经验更需要学习。想成功，年轻人应就当从自己所积攒的失误中源源不断地汲取经验，然后义无反顾地向着更高的人生目标迈进，这也是他成功的不二法门。

卡罗·巴茨——战胜癌症的女CEO

卡罗·巴茨，著名的欧特克公司CEO，在她的主持下，公司年收入达10亿美元，被《财富》、《华尔街日报》评为全美最具影响力的50名杰出商界女士之一。

卡罗·巴茨出生于明尼苏达州，在她8岁那年，她的母亲就去世了，因为这样，她从小就觉得自己身上多了一份责任，那就是尽量扮演母亲的角色，照顾好自己的小弟弟，她每天都要早早起床，帮他穿好衣服，再送他去上学，这种生活一过就是四年。直到巴茨12岁时，她和弟弟被祖父母接到威斯康辛州的一个只有

1000人的小镇一起生活，并进入学校。

巴茨所在的学校规模很小，她担任学校的拉拉队队长和学生会主席，每逢学校举办体育比赛的时候，巴茨都会带着同学们拼尽全力地呐喊助威，这使得每一个人都有一种成就感。她从小就认为，如果有自己更愿意做的事情，那就应该尽力去做，总是按照别人的旨意行事，终归会感到不舒服。除此之外，祖母对于巴茨的成长也产生了非常大的影响，例如有一次，巴茨在车库中发现了一条响尾蛇，她大

卡罗·巴茨——不经历失败，就不知道什么是成功

惊失色地跑去告诉祖母，祖母听后，镇定自若地走进车库，拿起一把铁锹，咔嚓一声，便把蛇头一下子砍断了，然后，她若无其事地对巴茨说："孩子，这点小事，其实你完全可以自己处理的！"祖母就是这样一位慈祥、勇敢而又独立自信的老人，这也影响了巴茨的性格。

在学校读书期间，巴茨最喜欢的科目就是数学，这一点和大多数女孩子很不一样。当她们沉迷于一本小说无法自拔时，巴茨却为了一道数学题废寝忘食，因为她找到了学习数学的乐趣，当她终于做对一道很难的数学题，那种满足感可以让她高兴大半天。中学毕业后，巴茨先是进入位于密苏里州的一所规模较小的大学读书，但她渐渐发现自己每天都无所事事，简直是在浪费时间。于是，两年后，她转入威斯康辛大学，在那里，她上了有生以来的第一堂计算机课，便顿时对这门课产生了浓厚的兴趣。这门课在当时来说对所有学生而言都是一个全新的挑战，而巴茨作为班里为数不多的女生之一，自然显得卓然不群。最终，她取得了计算机科学专业的学士学位，顺利从威斯康辛大学毕业。

大学毕业后，巴茨先后在三家公司工作，而最终，她将目光锁定在了欧

特克公司，虽然这间公司当时面临着严重的管理和财政危机，但它曾经有过非常了不起的业绩，并且它的技术市场对巴茨产生了很大的吸引力。然而人有旦夕祸福，就在巴茨前往欧特克公司担任首席执行官的第一天，她被查出患了癌症。这对于巴茨来说简直是晴天霹雳，原本光明灿烂的人生似乎瞬间变得黯淡无光，但卡罗·巴茨毕竟不是一般人，她选择了坚持。这个坚强的女人请求医生延缓治疗一个月，她在这一个月中将公司的紧急事务一一处理完毕，并在接下来的六个星期里接受化疗。即使在此期间，她还是凭借坚忍的意志，拖着疲惫不堪的身躯坚持到公司上班，并有条不紊地处理各种工作事务。员工们都被她这种忘我工作的精神所震动，他们坚信，在巴茨的领导下，公司一定会走出困境。果然，当巴特重新回到公司，业绩便节节攀升。

巴茨常说，你必须要经历失败。不经历失败，就不知道什么是成功。我认为，失败是成功的重要部分，更重要的是，你要有信心迎接失败的挑战，并战胜它！

诺兰·布什内尔——游戏改变世界

有一部电影《阿塔里》，讲述的是一个关于发明世界上第一部投币式电子游戏机的发明家，这是一个真实的故事，主人公就是诺兰·布什内尔。

1940年，布什内尔生于美国犹他州的克里菲尔德，自小就很聪明，而且非常富有想象力，十岁的时候就能自己制作出一部收音机。在读大学的时候，他不喜欢学习，而很喜欢一个人晚上待在学校里玩太空大战的游戏。25岁时，因为过于痴迷游戏，布什内尔以最后一名的成绩毕业，但这些并没有给他在研究游戏方面太大的打击。他在暑假期间，经常在一些马戏团门口贩卖弹子球、口香糖等小东西，蓬乱的头发，懒懒的打扮，还穿着古里古怪的T恤衫，身上没有哪一点能让人看出他将来能改变整个世界。

1971年，他时常听说英特尔、惠普等的创业故事并为此欢欣鼓舞。在当时，集成电路也大幅度降价，让他有一种梦想就在不远处向他招手的感觉，因此，他白天在外面

诺兰·布什内尔——游戏也是一种梦想

上班，晚上回来就躲进自己狭小的屋子里研究他的游戏机。他的妻子虽然不懂他在搞什么名堂，但还是给了他500美元，让他用来投资和创业，并且让小女儿去楼上和姐姐做伴，腾出她的卧室来让布什内尔在里边工作，可以说给他的成功提供了很多支持。

那个年代，谁如果开动脑筋，谁就可以发财，布什内尔心里很清楚这一点。他打算研究出一部不需要费脑筋就可以玩的简单的游戏机，即使是小孩子或者喝过酒的人，也能轻易掌握。他为此不断实践，不断改进，终于他成功了，他把研究出来的游戏机叫作"pong"，是一种电子类的乒乓球游戏机。他打算一步一步地往前推进，于是来到一家饭馆做推销，让老板同意在店里摆了一台样机。可没想到，还不到一天的时间，饭馆老板就抱怨说他的游戏机坏了。后来才知道，其实游戏机本身没有问题，而是玩的人太多，造成游戏机钱盒的堵塞，这足以说明大家对这种游戏机的认可和追捧。从此，一个崭新的电子游戏机时代到来了，传统的台球、纸牌等游戏都黯然失色，爱玩的人们都把精力和激情集中到这种大型的电子游戏机上。

此后，布什内尔向公司辞了职，用500美元作为初始资金创办了自己的公司——阿塔里，并在1972年生产出第一部游戏机，次年就销售出了大概1万台，到了第三年，他的公司销售额已经达到了350万美元，后来发展到1500万美元。

布什内尔是个好玩的人，但玩在他那里，变成了一种梦想，并为之奋斗不懈。

乔布斯——每一天都是最后一天

苹果，让年轻人为之疯狂的品牌，无论是手机还是电脑，只要你拥有它，别人就会向你投来羡慕的眼光。而创造这个时尚品牌的，正是乔布斯，一个疯狂的天才。

乔布斯人生的起点有些灰暗，甚至可以说是不太体面。他的母亲是一位没有结婚的在校研究生，因为要读书，没办法带孩子，于是就把他送给别人抚养。幸好养父母是一对善良人，对他视若亲生。乔布斯在这个家庭里幸福地长大了。高中毕业后的乔布斯进了一所费用很高的私立大学学习，而他的养父母倾其所有，将自己全部的积蓄拿来为他支付学费。但只读了半年，由于乔布斯觉得学到的知识没什么实际的用处，而且感觉亏欠养父母太多，最终选择了退学。退学后，他并没有离开学校，而是去旁听自己感兴趣而且以后可能会对自己有用的课程。没有收入，他晚上就在同学宿舍的地板上睡觉，白天就捡些玻璃瓶、易拉罐之类挣点小钱。到了周末，为了能吃上一顿免费的餐食，要走到十

乔布斯——奋斗从第一天到最后一天

公里外的教堂去。年轻的乔布斯率性而为，只喜欢做自己想做的事，因为大学里的书法专业很有名气，他便迷上了书法。虽然并没想过书法会给自己带来什么，但无心插柳柳成荫，他个人的书法艺术修养使得公司每一样产品的设计都独具特色，颇有魅力。

1976年，乔布斯只有20岁，他同韦恩和斯蒂芬·沃兹尼克在停车库里创办了苹果公司。后来的乔布斯常说："如果没有当时的退学，我就不会去学习那些让我感兴趣的课程，就不会让我接触到这美妙的书法，而我们今天的个人电脑应该就不会有各种漂亮的版式了吧？"也许，乔布斯退学有着自己的难言之隐，或许是为了自己的兴趣，或许是心疼自己的养父母，但无论如何，这一定有其积极的一面，那就是，做自己喜欢做的事，并且投入自己毕生的心力。

乔布斯每天早晨起来，总要问自己，如果今天是我生命里的最后一天，那我还会去做我今天本来该做的事情吗？答案是否定的！就这样，乔布斯选择了改变，他永远都做自己喜欢做的事情，想要做的事情，他没有后悔过，而且，他成功了。成功后的乔布斯经常讲起一句话："如果我们每个人都把每一天当作生命里的最后一天，那我们终将发现，原来一切都在我们的掌握之中。"

马克·扎克伯格——80后的奇迹

Facebook，一个连美国总统奥巴马、英国女王伊丽莎白二世等政界要人都在使用的社交网站，也是世界上最重要的社交网站之一。谁能想到它的创始人竟是一个当年才20岁的小伙子——马克·扎克伯格。马克凭借该网站赚得135亿美元身家，成为史上全球最年轻的自行创业亿万富豪。

马克·扎克伯格——赚钱不是成功的目的

马克·扎克伯格，1984年出生于美国纽约州的一个犹太家庭，父亲爱德华·扎克伯格是一名牙医，母亲是一名心理医生，因此马克从小就受到了良好的教育。这在很大程度上也要多谢马克的父亲爱德华营造的自由、民主、开放的家庭教育环境。爱德华在儿子出生的那一年就购买了第一台电脑，而小马克对于这种高科技产品所产生的浓厚兴趣使他感到非常高兴。在马克10岁的时候，他甚至特意请了一位计算机工程师来教儿子编写程序。一套程序的编写往往需要长时间的枯坐、思考和反复的调试，这种在一般人看来枯燥无比的工作却让小马克全身心投入其中。很快，在这位计算机工程师的指导下，马克不仅能够独立编写较为复杂的程序，甚至能够编写较为简单的工具软件了。

某天，马克听到几个小伙伴在谈论一款电脑游戏，马克试着玩了一遍这种游戏之后，就因为其"模式太简单，毫无挑战性"而没再碰过它。他对伙伴们说："让我来帮你们改进一下这款游戏吧，它会变得更有趣的。"第二天，马克如约来到一位朋友的家中，就在朋友们难以置信的目光中，很快完成了对游戏的修改。修改后的游戏果然更有挑战性了，令人不愿离开电脑。马克究竟是如何做到的呢？原来，他在修改游戏程序之前先绘制了一张草图，在草图中，他利用母亲平日教的心理学知识，按照人的心理习惯，重新设计游戏关卡，大大提高了游戏的趣味性。这一年，马克才12岁。

马克的高中是在菲利普爱斯特学校度过的。这间私立寄宿制中学是全世界最昂贵的中学之一，各种设施都是一流的。更让马克兴奋的，是学校那些先进的计算机设备。就在这里，马克和朋友们一起为学校设计了一款MP3播放插件，难得的是，马克当时并没有用它来赚钱，而是把它传到网上供人们免费下载。就这样，牛刀小试的他和他的朋友就被包括微软在内的多家公司看中，但马克却拒绝了年薪高达100万美元的工作，选择进入哈佛大学继续深造，他说："赚钱不是我的目的。"他相信自己将来能创造的价值将远远大于100万美元！

进入哈佛后，马克对专业的选择再次出乎人们的意料，酷爱计算机的他却选择了心理学专业，而马克自己对此的解释很简单——不善交际的他渴望与他人交流，希望了解别人的心里在想什么。虽然选择了心理学，但他并没有放弃自己的爱好。在哈佛的第二年，马克侵入了学校的一个数据库，并做出了一个惊人举动，将学生们的照片拿来放在自己设计的网站上，供同学们评估彼此的吸引力。虽然马克因此受到了学校的处分，但这并没有让他感到挫败，反而更加兴奋。不久之后，马克就和两位室友一起，建立了一个为哈佛同学提供互相联系平台的网站，命名为Facebook。Facebook在2004年2月推出，随即横扫整个哈佛校园。让人意想不到的是，到了年底，其注册人数已突破100万。马克干脆选择从哈佛退学，全职营运网站。而今天，Facebook已成为美国甚至全球第一大社交网站。

马克的口头语中常有这几个词：信任、联系、分享。他这样描述自己的爱好：开放，创新，让人们彼此联系和分享彼此。

切斯特·巴纳德——从穷小子到总裁

切斯特·巴纳德，鼎鼎大名的贝尔公司总裁，也是一位历经坎坷的人，成功之路格外曲折。

切斯特·巴纳德出生于美国马萨诸塞州的一个普通工人家庭，对他来说，命运似乎太不公平，因为他的童年和其他大部分同龄人相比，实在是不幸。巴纳德天生就有一些遗传性的身体缺陷，他出生时身体缺乏平衡感，这对于一个爱跑爱跳的小男生来说实在是残酷。因为这样，他从来没有很好地参加过诸如打棒球、打高尔夫球等一些与身体平衡有密切关系的运动。此外，巴纳德还患有天生的高度近视，他的视力只相当于正常人的四分之一。福不双降，祸不单行，在巴纳德只有五岁的时候，他的母亲就丢下他和哥哥而撒手人寰了，兄弟俩只能由他们的父亲照顾。而作为机械师的父亲收入并不足以抚养两个孩子，因此父子三人的生活往往显得捉襟见肘。

切斯特·巴纳德——艰苦是人生的财富

"上帝在关上一扇门的同时，必定会打开另一扇窗。"这句话用在巴纳德身上再合适不过了，虽然从小就失去了母亲的照顾，但幸运的是，外祖父母给了他第二个家。外祖父虽然是一个铁匠，但他却有办法使家里的气氛总是那么温馨。每次吃完饭后，一家七八口人就围坐在一起，探讨一些哲学问题，这种经历使巴纳德在很小的时候就对哲学产生了巨大的兴趣，把它当作很有意义的东西而经常思考。不仅如此，睿智的外公还激发了巴纳德对音乐的兴趣，因为家里的每个人都爱唱歌或者玩弄一些乐器，因此常常会在茶余饭后举行一场小小的"家庭音乐会"。这对巴纳德产生了强烈的影响，他后来不论公务再怎样繁忙，也不放弃摆弄乐器，最终成了一名出色的钢琴演奏家。此外，先天的身体障碍虽然剥夺了巴纳德和小伙伴在户外玩耍的权利，但却使得他逐渐养成了阅读的习惯，他在上学期间读了大量的书籍。

在巴纳德上中学的时候，他的父亲再婚并有了一个女儿，这使得家里原本就显得拮据的经济状况更加入不敷出。为了缓解家庭的经济压力，巴纳德不得不在中学毕业后就参加工作。凭借音乐方面的造诣，巴纳德谋得了一份钢琴调音师的工作，但他必须先当三个月的学徒，在此期间几乎没有薪水，每周只能得到3美元的报酬。虽然薪水微薄、工作辛苦，但好学的巴纳德并没有放弃。他一方面认真学习钢琴调音，另一方面自学了预科的课程，他用了一个夏天的时间自学希腊语，最终居然以98分的高分通过了蒙特赫蒙学校的入学考试。原本以为可以进入学校学习，然而造化弄人，巴纳德在此时患上了一种名为"神经热"的疾病，最终与向往已久的课堂失之交臂。没能进入课堂是一场巨大的打击，但坚强的巴纳德却在学校的农场求得了一份工作，每月有23美元的薪水，还能免费食宿，乘机可以去旁听。尽管刚开始工作时他的身体还是很虚弱，但由于爱好劳动，巴纳德会每天早上五点钟就起床，给奶牛挤奶、给马喂草，几乎做了农场所有的工作。不仅如此，心有不甘的巴纳德还继续自学预科课程，并最终从蒙特赫蒙学校毕业。此后，他又进入哈佛大学主修经济学，为了赚学费，他需要做诸如在舞蹈乐团当指挥、为其他同学打印论文之类的兼职工作，课余时间他学习了包括德语、法语、意大利语等在内的多门语言。

哈佛大学的学习经历对于巴纳德来说，是一个质的飞跃。他终于具备了足够的实力去实现人生梦想了。毕业后，他进入了贝尔电话公司，经过长达40年的努力，终于成为公司的总裁。

巴纳德的成功，印证了那句话："天将降大任于斯人也，必先苦其心志。"

史蒂芬·沃兹奈克——爱读天书的小孩

史蒂芬·沃兹奈克，一位与众不同的成功人士，他是编程高手，乔布斯的老搭档，他又毅然离开苹果，只为了到社区学校里为孩子们教电脑课。

史蒂芬·沃兹奈克，出生于加利福尼亚州的桑尼维尔市。他的母亲是一个善良温顺的家庭主妇，性格开朗、待人和善，沃兹奈克从她身上继承了许多优良品质。他的父亲是一名工程师，他对沃兹奈克在工程和电子方面兴趣的培养发挥了至关重要的作用，可以说是沃兹奈克的启蒙老师。在他的熏陶下，沃兹奈克上小学五年级时就已经组装出了一种非常复杂的电路，那上面大概有一百多个开关，它们分别控制着各条线路上灯泡的开关。实际上，沃兹奈克那时就已经拿到业余无线电从业人员的执照了。

到了六年级，沃兹奈克开始读一本有关数学逻辑的书，这本在其他同龄人看来索然无味的"天书"，在沃兹奈克眼中却是那样引人入胜。它将沃兹奈克引入光怪陆离的计算机世界，并为他今后从事计算机方面的专业研究奠定了较好的基础。上了初中后，经常参加科学成果展览使得沃兹奈克对于电子学的兴趣越发浓厚，所以，疼爱他的长辈们都会在圣诞节时送电子元件给他作为圣诞礼物，沃兹奈克就用这些元件组装成礼物送给他的小伙伴们。

进入高中后，沃兹奈克开始正式接触到一些有关电子学方面的专业课程，值得庆幸的是，他遇到了一位名师也是严师，他会千方百计地为那些对电子学感兴趣的学生提供深入学习的机会，例如带他们到某家电脑公司去学习计算机编程。就在那时，沃兹奈克在电子学方面的天赋展露无遗，在同学中显得出类拔萃。同时，他也逐渐形成了一种特立独行的性格，他不愿追随其他人亦步亦趋，他坚信自己能够在这个奇特的科学领域中大有作为。

史蒂芬·沃兹奈克——知识就是力量

高中毕业后，沃兹奈克进入加利福尼亚大学伯克利分校学习，同时在惠普公司兼职担任电子学及电子设计工程师，并且利用课余时间为许多校外的朋友设计了许多有关电子学方面的技术方案。他做这些并不是为了金钱、名誉或是其他物质和精神方面的回报，而完全是出于个人兴趣爱好。狂热的他经常在睡梦中还在编写计算机语言程序，有时，他会在熟睡中突然醒来，然后迅速写下一些原来百思不得其解的编程问题的解决方案。

就在此时，苹果创始人史蒂芬·乔布斯找到了沃兹奈克，并鼓励他和自己一起开公司，开发苹果电脑。尽管沃兹奈克对于开公司没有丝毫兴趣，但禁不住乔布斯的软磨硬泡，只好答应了他。在为苹果工作期间，沃兹奈克几乎要负责包括编写程序、分析设计方案、纠正错误、组装成品，甚至成品的改进和完善等全部工作。这对他来说虽然是一种挑战，但更多的是一种享受。他忘我地投入工作，并不是为了制造出可以抢占更多市场份额的产品，而是为了满足自己内心的需要。

令人惊讶的是，当苹果公司走上正轨，开始收获巨大财富时，沃兹奈克却

选择了离开。离开苹果公司后，沃兹奈克去自己所在的社区学校，为整个学校五年级的学生教授电脑课，看着孩子们向自己学习电脑知识和技能，沃兹奈克内心感到莫大的喜悦和慰藉。在他的人生里，他用与众不同的行为诠释了成功的真义：执着、奋斗，但不为名利所拘束。

斯科特·迈克尼利——永远不落的太阳

成功是什么呢？太阳公司创始人斯科特·迈克尼利认为，那就是认清自己的使命，努力工作，永不松懈。

斯科特·迈克尼利，出生于印第安纳州哥伦布市，而他的成长足迹则遍布美国整个中西部地区。他的父亲毕业于哈佛商学院，是一家汽车公司的董事会副主席，办事理智、精力集中、思维严谨。而他的母亲则是一位典型的家庭主妇，热情好客。迈克尼利从小就对父亲的工作非常感兴趣，每当父亲下班回到家，他总要凑到父亲身边，和父亲一起读书，并仔细阅读父亲笔记本上的内容，他还会不断提出各种问题，认真聆听父亲的耐心解答。虽然家庭条件比较宽裕，但每逢假期，迈克尼利还是会在汽车修理部找一些如洗车、停车的临时工作，挣点零花钱，虽然工作并不轻松，但他还是乐此不疲。

迈克尼利从小就表现出特立独行的一面，小时候他的梦想是成为一名消防员，进入哈佛大学后，他又希望自己能成为一名眼科医生。不过当他发现哈佛有60%的学生都在学习医学，他猜想他们中一定会涌现出许多杰出的医生，于是他选择了攻读经济学，因为它与人们的生活息息相关。在校期间，迈克尼利并不埋头苦读，他更酷爱各种运动，曾经是学校曲棍球队、高尔夫球队、棒球队和游泳队的队员，而他最喜欢的运动则是高尔夫球，他的水平甚至与一些职业高尔夫球手不相上下。

哈佛大学毕业后，迈克尼利出人意料地前往位于伊利诺伊州的一家塑料品加工厂工作，那里的工作条件极差：玻璃纤维和尘土四处飞扬，炽热的高温简直能把人蒸发

斯科特·迈克尼利——成功就是努力工作，永不松懈

掉，经常会有工人因为中暑而被用担架抬出厂房。然而，在那里才工作四天，迈克尼利就被任命为工头，这个刚刚21岁的小伙子需要带领着13位40岁左右的中年人工作。三个月后，他又被调往位于俄亥俄州的另一家玻璃丝加工厂工作，但由于工作条件极其恶劣与艰苦，没过多久，迈克尼利就病倒了，不得不到医院做手术并进行休养。出院后不久，因杰出的工作表现，斯坦福接受了他的申请，他决定前往斯坦福大学商学院攻读工商管理硕士学位。在学校，他是极少数仍对制造感兴趣的学生。

从斯坦福大学毕业后，迈克尼利与他的三位伙伴一起创办了太阳公司，这四个年轻人当时都只有27岁。在创办太阳公司之前，他们曾创办过一家名叫数据转储的公司，但很快便以失败告终，并赔光了所有家底。但四个年轻人并不气馁，他们筹到了25万美元，创办了太阳公司，如今，这家公司的年收入已高达157亿美元。

对于自己的创业之路，斯科特·迈克尼利说："我们与生俱来便承载着一种不可推卸的天赋使命，那就是，用我们的智慧、才能和运气去创造伟大的业绩，努力工作，永不松懈，为我们自己，也为他人乃至整个世界做出我们最大的贡献。"

卡普——26岁的网络奇才

2012年，美国26岁高中辍学生卡普一夜间成为亿万富豪的消息，成为媒体瞩目的焦点。高中即主动选择退学的卡普自学成为计算机编码工程师的天才，他6年前创办的轻博客网站汤博乐(Tumblr)以11亿美元价格出售。

卡普，1987年生，在曼哈顿上西城长大，父亲是为电影和电视剧创作歌曲的音乐作曲家，母亲是教师。卡普11岁时自学HTML编写程序，很快成立自己的顾问公司。卡普15岁读高中时，父母同意他退学，在家完成教育。他17岁去日本，软件程序的技能得到进一步加强，开始为高科技公司出谋划策。

卡普回到纽约后卖掉了顾问公司。2007年，卡普21岁时，在母亲位于曼哈顿的小公寓里创办了博客网站汤博乐，成为美国最炙手可热的社交网站，在25

岁年轻人中受欢迎程度盖过Facebook和Twilter。雅虎公司希望以11亿美元收购卡普创办的汤博乐。雅虎公司执行长玛蕊莎·梅尔说，她希望迅速完成收购，以便推进公司的发展战略。

卡普创造的汤博乐有很多东西值得雅虎这样的互联网大户学习的。这也是卡普认为自己和汤博乐成功的关键，即"提供展现创造力的平台"，他为自己和其他年轻人打造着成功之路。

卡普——为年轻人提供创造的平台

威尔森——世界无所不能

威尔森，美国一名18岁少年成功设计出一个简易核反应堆，按照设计，该装置将来能够利用核废料为家庭和工厂提供能源。

威尔森，1994年出生于美国阿肯色州特克萨卡纳，父亲是一位足球运动员，母亲是瑜伽老师。10岁时，威尔森就背全了所有元素。14岁时，他就掌握了核裂变原理，并利用自家车库作为实验室进行研究。他在美国加州科技年会上介绍了自己的最新设计，并表示，这项发明将有能力改变世界。威尔森设计的小反应堆预计能产生50至100兆瓦的电力，足够为10万户家庭提供能源。据威尔森称，设计反应堆的动力来自于患了癌症需要放射性治疗的外婆。因为用于诊断和治疗的同位素价格太高，所以他希望找到一种更便宜的方式获得同位素，以挽救更多的患者。在物理学家法诺夫的支持下，他自学了20多个领域的知识，进行了

威尔森——我有热情，我想改变这个世界

1年多的试验，终于在14岁生日那天，试验成功。他的反应堆可以流水线生产，使用废旧核武器的放射性物质作为动力。威尔森成了世界上第31个完成核聚变反应的人，而且是最小的一位，现在在内华达大学一处地下室专门研究核能。他甚至曾帮学校研究生上一门核能物理课程。总统奥巴马对他的成就也相当赏识。威尔森的父亲肯恩表示，威尔森很小便开始接触核物理知识，还曾参加科学展览并发表演讲，"当时他谈论的东西，我几乎都听不懂"。

威尔森10岁时曾梦想要"制造"一颗星星。谈到自己现在的成就，他说："我认为没有不可能的事。也许是我的脑子好使，但我的热情才是关键。真正能改变这个世界的人，一直都有热情和干劲，因为他们对这个世界有独特的认识。"

弗林·麦加利——美国最红火的小厨师

美国一位14岁少年弗林·麦加利只因嫌妈妈做饭难吃，立志自强，通过自学终于成为声名赫赫的大厨，并开了一家自己的餐厅。

弗林·麦加利，住在美国圣费尔南多谷，是一个可爱的男孩。在11岁时，弗林受不了母亲的厨艺"太差"，开始尝试下厨，却一发而不可收。弗林刚开始学烹饪时，是通过上网、逛书店方式找寻食谱，后来自己也有了创意，从此爱上烹饪，甚至成为有名的大厨。

现在，弗林自己经营着餐厅"pop-up"，还曾在好莱坞的"普拉亚"餐厅担当大厨。"普拉亚"的大厨赛德拉对弗林评价道："他是个艺术家，对调料的量以及烹饪过程的掌控非常精准，非常欧式。"

后来，弗林已开办了自己的餐厅"尤里卡"。只不过为了不耽误学习，他的餐厅一个月才开一次，也被大家称之为"晚餐俱乐部"。在这一天，弗林在洛杉矶的家"摇身一变"成了餐馆，而他的卧室则成为一个全功能的厨房。在弗林的菜单上有不少复杂的小餐点，例如鳟鱼炖韭菜、茴香焦糖杏仁等。弗林的成功之路在全美掀起了热潮，美国各大主流媒体争相对这位少年大厨进行报道，称弗林是一名早熟的天才厨师，夸他在厨房"动作娴熟，充满自信"，并赞誉他已成为美国"最红火的厨师之一"。

可是，当被问及他的烹饪天赋是否遗传自母亲时，弗林一连回答了5个"不"。因为自己的母亲对烹饪不感兴趣，弗林在10岁时就走进了厨房，却没想到彻底地爱上了这片天地。弗林还将自己的卧室改造成一间功能齐全的厨房，里面厨房用具一应齐全，既有锅碗瓢盆，也有不锈钢工作台等。这个专注于烹饪的男孩面对功成名就却十分低调，仍然埋头于学习和烹饪。他给同龄人的建议是："专注于爱好，努力奋斗，最终一定会有回报，等你不再考虑自己是否会成名的时候，就会梦想成真了。"

 ## 托马斯·苏亚雷斯——12岁"小乔布斯"

美国男孩托马斯·苏亚雷斯，年仅12岁，却开发了多个苹果应用程序，还创立了一家程序开发公司，被媒体誉为"技术界新星"、"小乔布斯"。

苏亚雷斯出生于美国洛杉矶市，从上幼儿园起就爱摆弄电子产品，玩电脑游戏，随着长大，他逐渐对开发电脑程序萌生兴趣。为了编写自己想要的电脑程序，他自学了几种电脑编程语言，包括Python、C和Java，为后来开发苹果应用程序打下基础。苏亚雷斯7岁时，苹果公司发布iPhone手机，随后又发布iPhone

软件开发工具包。利用这个工具包，苏亚雷斯2010年开发了几个苹果应用程序，经过反复测试，挑选了"地球算命"作为打进苹果商店的第一款产品。

2013年，才11岁的苏亚雷斯在TED世界大会上发表了4分半钟的演讲，那自信的风度，从容的发言令观看者印象深刻，惊呼为"未来的乔布斯"。

苏亚雷斯说，史蒂夫·乔布斯给了他很多灵感。他现在已经初步规划出自己的未来。他创立"萝卜公司"，以便更好地把自己编写的程序投入商业化运作。他准备继续开发苹果应用程序，同时打算开发适用于安卓平台的产品，并"寻找更多让同学们分享知识的方式"。

埃沙·卡瑞——"超级电容"发明家

2013年举办的国际科学和工程大奖赛上，一位来自美国加州的18岁印度裔女孩引起了人们的注意。她叫埃沙·卡瑞，因为发明了一种未来有望改善电池技术的超级电容，获得了本次大奖赛的5万美元奖金。据悉这种技术有朝一日用在智能手机上的话，可以在数秒钟之内完成充电。

埃沙·卡瑞发明的这种超级电容在点亮 LED 上做过测试，但是在引起了科技界的关注之后这项技术会在更多的试验中被测试和验证。这种超级电容据称可以进行10000次充放电，而普通充电器只能重复充电1000次。

埃沙·卡瑞——成功的灵感来自生活

当前，移动设备的电池技术瓶颈限制了这些产品的突破性发展已经是人们的共识，所以这个超级电容无疑对于全行业而言是一个不错的消息。这项电容项目跟其他的电容技术项目一样虽然不可能很快地商业化开发，但是在媒体的曝光下相信会有更多的科技公司找到埃沙·卡瑞的项目，进而加速技术研发。

埃沙·卡瑞被问及是什么激发了她去研究电池储能技术，这位聪慧的小姑娘说："是生活！我的手机动不动就没电，充满电又需要很长时间，这很烦人！"

陈嘉庚——替父还债的少年郎

陈嘉庚，曾被毛主席称为"华侨旗帜，民族光辉"的爱国华侨领袖和伟大的企业家、慈善家，还被厦门大学和集美大学两校师生尊为"校主"，在他的少年时代，是背负着父亲的债务慢慢地长大的。

1874年冬日的一天，陈嘉庚出生在福建省厦门市集美区，那个年代战火纷飞，有许多人都远赴新加坡谋求生存，所以这里便成了远近闻名的侨乡。陈嘉庚父母都是华侨，自幼家教良好。当时，父亲还在新加坡经营一家小厂和米店，所以陈嘉庚大部分时间都由母亲来抚养和教育。闽南一带曾经有着许多光辉的历史，比如民族英雄郑成功和虎门销烟的林则徐，陈嘉庚自小就对这些英雄事迹印象深刻，心中充满了对他们的尊敬和仰慕，但当时清政府的无能和腐败，更让他发愤图强，以求早日报效祖国。

17岁那年，父亲想让他去新加坡见见世面，

陈嘉庚——以诚待人，坦荡自信

虽然都市里的繁华和诱惑无处不在，但他并没有为之所动，而是老老实实地在店里跟老伙计学习管理和经商，很快就成了父亲的左膀右臂。在他25岁时，他的母亲病逝了，听到噩耗的他随即回到家乡葬送母亲，并为母亲守孝三年。三年后，他重新返回新加坡，可让他没想到的是，眼前的米店已经不是他离开之前生意兴隆的样子，而是门庭冷落，负债累累。后来才知弟弟趁他不在时肆意挥霍，导致米店负债30多万元，濒临破产。在当时的新加坡法律中，儿子不用偿还父亲的债务，何况当时的陈嘉庚身无分文，根本没有经济能力。但自小就深受儒家思想影响的他决定勇敢地面对困难，依然拾起了这个烂摊子，承诺将父亲所有的债务还清。

陈嘉庚不仅将米店开得红红火火，还办起了菠萝罐头厂，获利不菲。他通过艰苦努力，终于在33岁时将父亲的所有债务连本带利还清了。这一段替父还债的故事也被传为新加坡华人经商史上的一段佳话。他说："我们中国人取信于世界，决不能把脸丢在外国人面前。"还说："我们中国人向来言必信，行必果。"陈嘉庚一诺千金获得好评，有更多的人愿意和他做生意，再加上他的勤勉努力，终于重振家风。

陈嘉庚一生以诚待人，坦荡自信，他有四字自勉，即"公——永无止境的奉献，忠——永不动摇的爱国，毅——永不言败的坚强，诚——永不毁诺的铮铮傲骨"。

李嘉诚——卖塑料花起家

提到"华人首富"，很多人想到的便是李嘉诚。李嘉诚从小命途多舛，在事业方面绝对属于白手起家。

李嘉诚，1928年出生于广东潮州，是家中的长子，父亲李云经以教书为生。李嘉诚的童年时代正赶上日本侵略中国，刚刚读初中的李嘉诚在1939年6月与家人辗转到达香港，一家人寄居在舅父庄静庵的家里。祸不单行，这时候李嘉诚的父亲李云经因劳累过度，不幸染上肺病。身为长子的李嘉诚一边照顾父亲，一边拼命地温习功课。1943年冬天，李云经病重，他把李嘉诚叫到床前，轻声告诫道："求人不如

李嘉诚——学习可以创造成功的机会

求己。吃得苦中苦，方为人上人。失意时莫灰心，得意时莫忘形。"15岁的李嘉诚坚定地点了点头，李云经才放心地闭上了眼睛。

父亲去世了，李嘉诚自觉长大了许多。他明白，从此以后他要挑起全家的生活重担了。尽管舅舅表示要资助李家，但倔强的李嘉诚仍然决定中止学业，打工挣钱。他相信只要自己肯努力，一定能出人头地。

李嘉诚先在舅父庄静庵的中南钟表公司当泡茶扫地的小学徒。他到这里之后，学到的第一个功夫就是察言观色，见机行事。他每天总是第一个到达公司、最后一个离开公司。辛苦而困难的3年过去了，当年那个14岁的少年已经长成精瘦但结实、英气十足的小伙子了。在此期间，他一直为自己学历不足而深以为憾。为了迎头赶上，他每天早上四五点就早早起床，阅读买来的旧书籍，读完了就卖掉，然后再买旧书继续读。到了17岁那年，不愿长期寄人篱下的李嘉诚离开钟表公司，在一家五金制造厂以及塑胶带制造公司当推销员，开始了香港人称之为"行街仔"的推销生涯。

1950年，年仅22岁的李嘉诚在筲箕湾创办长江塑胶厂，但一直销量平平。直到1957年的一天，他阅读新一期的《塑胶》杂志，得知意大利的一家公司利用塑胶原料制作的塑胶花风靡欧洲，他便决定前往当地一探究竟。然而，当李嘉诚兴冲冲地赶到工厂门口时，却又停下了脚步。因为他深知厂家对新产品技术的保守与戒备，但李嘉诚没有就此放弃。聪明的他在这家公司招聘工人时报了名，被派往车间做打杂的工人，而工资还不及同类工人的一半。即使是这样，李嘉诚还是在清除废品废料的过程中留心生产流程，并在与老工人聊天的过程中尽量请教保密的有关技术环节。通过眼观耳听，他大致悟出了塑胶花制作配色的技术要领。就这样，两个月后，李嘉诚带着一大箱样品花和资料满载而归。几周后，香港的大街小巷都在出售长江塑胶厂的塑胶花，不久，李嘉诚又积极开拓世界市场，很快就成为"塑胶花大王"。1958年，李嘉诚涉足地产业，在港岛北角建起了第一幢工业大厦；1960年，又在柴湾兴建了第二幢工业大厦，李嘉诚的事业由此迅速走向辉煌。

李嘉诚这样解释自己的成功："只有我努力工作，求取知识，才是唯一的出路。我有一点钱都去买书，记在脑子里面，才去换另外一本。在我睡觉之间，我一定要看书，知识并不是决定你一生的财富，但是你的机会更多了。通过学习来创造机会，才是最好的途径。"

邵逸夫——财富应用回民众

相信大家都知道，在很多地方都有逸夫小学。"逸夫"正是指香港电视广播有限公司荣誉主席、邵氏兄弟电影公司创办人之一的邵逸夫，很多学校以他来命名，正是因为他为祖国的教育慈善事业做出了巨大的贡献，而他也是一位富有传奇色彩的人物。

1907年冬，邵逸夫出生于镇海，祖籍在浙江的宁波。他的父亲是旧上海颇有名气的颜料公司老板，在当时，有一家叫作"笑舞台"的剧院因为经营不善，便将剧院转给了邵逸夫的大哥邵醉翁。他喜欢上演武侠剧，坚信自己走的大众通俗路线，在当时也一直很受欢迎。在邵逸夫16岁时，邵家已经走了下坡路，所有家业中只留下一处房子和这个剧院。于是，邵氏兄弟便卖掉房子，把家搬进剧院里，准备大干一场。那时，邵逸夫才刚刚中学毕业，因为受家庭环境的影响，他对剧院里的事也颇有兴趣，便在里边干些杂活，因为他自小聪明好学，很快便学到了很多影视方面的知识。到了19岁，他受到三哥邵仁枚的邀请，去新加坡拓展电影市场，从此便走上了一生的电影之路。在那个年代，他和三哥总是带着一个很旧的无声式放映机和许多影片，穿梭在大街小巷之中，甚至要去寻找华人较多的农场放映露天电影。创业的日子异常的辛苦，因为那时的放映机器都很落后，即使一部片子也要一格一格地手工操作，一场电

邵逸夫——中国的强大要靠教育

影下来往往都把人累得腰酸背痛，加上蚊虫的叮咬，辛苦的滋味只有他们心里清楚，但他们坚持住了。功夫不负有心人，慢慢的，他们站稳了脚跟，终于在1930年创立了"邵氏兄弟公司"。1929年至1933年，美国的经济危机席卷了世界，不少电影院都关门了，但邵逸夫决定逆势而上。他明白，虽然自己的影院在当地有一些基础，但如果和美国和西方的一些有声电影相比，无声电影迟早要被代替，于是，他下决心打算拍摄有声电影。

24岁时，他只身前往美国去购买有声电影设备，不料轮船在中途触礁沉没了，他抓着一块小舢板不放手，终于在海上漂了一夜后获救，真是死里逃生。后来，有声设备有了，但却没有剧本，他又潜下心来写剧本，时间久了，蚊虫的叮咬使他难以忍受，他便打来一桶水，把脚放进去继续写。1932年，他终于拍成了电影《白金龙》，影片成本是1万元，但当时在广州一个地方的收入就有60万元。这部影片的成功让他把邵氏兄弟影院转危为安，成了中国当之无愧的有声电影开山鼻祖。

成功后的邵逸夫并非香港最有钱的人，但却是香港富豪中屈指可数的大慈善家，从1982年起，他平均每年向内地教育事业捐赠1亿元。他说："我的财富取之于民众，应用回到民众"，"中国要强大，关键在于教育及培养人才，将赚到的钱捐献到教育事业中，做一些实际的事，是我最大的心愿"。

王永庆——经营之神

王永庆，一位著名的台湾企业家，曾经是台塑集团的创办人，一直以来被人们尊称为"经营之神"，甚至在他小学毕业的时候，已经开始向父亲借钱去做自己的生意了。

王永庆，出生在福建省安溪县，家里
的日子一直都很艰苦，几代人都是靠种茶
为生，这样才能勉强维持生活。他的父亲
王长庚每天都在地里照看茶园，全凭微薄
的收入来支撑家里的日常开销。在王永庆
9岁时，他的父亲不幸染病，只能在家里
休养，于是，王永庆不得不用自己瘦弱的
肩膀扛起家里的生活重担。15岁那年，王

王永庆——成功一定要苦心追求

永庆从小学毕业，先去了一家茶园打杂，后来又去了台南嘉义县的一户米店当
学徒。

第二年，他做出了人生中第一个最重要的决定：自己做老板，开米店。开
店的200块钱也是让父亲从别人那里借来的。经营之初，米店遇到了很多问题，
因为旁边有一家日本米店的竞争优势很强，而且许多老店铺都是依靠老客户。
但这并没有把王永庆吓退，他于是带着自己店里的大米挨家挨户推销，还免费
给大家淘陈米和洗米缸。由于当时大米的加工技术非常落后，导致出售的大米
里掺杂着许多米糠、小石块和沙粒，买家和卖家都对这种现象习以为常。但王
永庆每次卖米时都要将这些杂物清理干净，这就让顾客省下了很多力气，还得
到了不少实惠，时间久了自然就积累了很多客户。几年后，他开的米店生意越
来越火，又开了一家碾米厂，赚得了人生的第一桶金。从此之后，王永庆的人
生发生了转变。

抗日战争结束之后，台湾的经济逐渐发展起来，尤其以建筑行业的前景最
好。王永庆很好地把握到这一点，抓住机遇经营木材一类的生意，结果收获颇
丰。而当所有人都把目光投向这里，准备在这个行业大干一场时，他又一次地

把握住了行业势头，毅然退出了木材领域，广泛涉足其他产业，将自己的实力不断扩大，创办了鼎鼎有名的台塑集团。

　　王永庆靠自己的努力和眼光不断地走向成功，成了名副其实的"经营之神"，但他坚持认为，天下的事情，没有轻轻松松、舒舒服服就能成功的，凡事一定要苦心追求，才能明了其中的奥妙而有所收获。

 ## 林绍良——穷人的孩子早当家

　　有一位华人，被美国《投资家》杂志列为世界十二大银行家之一，他便是印尼的华裔商人林绍良，印尼林氏集团的董事长和印尼首富。

　　1916年的夏天，林绍良出生在中国福建的一个普通的农村家庭，祖上的人们都是以种地为生，日子也过得十分清苦。小的时候，林绍良就非常聪明好学，有难以想象的记忆力，当时的农村大部分的孩子都不喜欢读书，但他却能

林绍良——人一定要经得起磨炼

在私塾里一直读到15岁。后来，家里给他在村子里租了间房子做门面，让他自己开了个小面店。19岁时，林绍良的父亲因病去世，家里的重担一下子都压在了他的肩膀上。而那时，国民党抓壮丁的风声也一天比一天紧，为了不被抓走，他不得已去了南洋，在那里闯荡。

　　22岁的那年春天，林绍良来到印尼的爪哇投靠叔父，叔父在镇子里开了

一家花生油店，他便在店里当学徒，每天都没日没夜地干活，在空余时间还学习印度尼西亚语和爪哇方言。当时的印尼也并不太平，生意不好做。林绍良意识到，必须要走出去，他开始走街串巷地上门推销自己的花生油。因为受到战乱的影响，需要很多日用品的人们都不敢出门，这便给林绍良带来了不小的商机，使他的销售额一度猛涨。

两年之后，林绍良有了一些自己的储蓄，觉得一直寄宿在叔父家肯定不会有大的发展，他便带着自己创业的梦想做起了贩卖咖啡粉的小本买卖。创业是非常辛苦的，为了维持自己的生存和以后实现自己的理想，他每天都半夜起来，先把买来的咖啡豆磨成粉，再把咖啡粉包装成各种小包。天还不亮就骑着自行车，跑到几十里外的地方去卖。林绍良并没有赚到太多的钱，但这段经历却培养了他的各种能力，比如胆识、社会经验、为人处世，等等。

成功之后的他每次回忆起这段经历时，总是感慨万千地说，人一定要经得起各种锻炼，才能学到东西。尤其是海外华人，勤俭奋发是传统美德，方向意志和策略是第一要素，不怕失败、奋斗不懈、运筹帷幄、出奇制胜和深思熟虑是成功的必备条件。

李光前——诚实的"笨小孩"

李光前，儒商的楷模，东南亚著名的橡胶大王和教育家、慈善家。他一生都热衷于社会公益事业，他的思想在很大程度上都受到了岳父陈嘉庚的影响，不得不说这是李光前人生里的一大笔财富。

在李光前小的时候，他家里的生活还是很贫苦的，但父亲对孩子们的教育

李光前——诚信为成功之本

并没有放松，他经常节衣缩食，把省下来的钱供孩子们读书用。因为李光前很懂事而且聪明，父母非常疼爱他，把他送去读私塾，这段时间算是他的启蒙教育。那时，父亲虽然做生意，但赚钱不多，李光前在每天放学后，都要给别人放牛，赚取少许零钱来增加家里的收入。10岁时，李光前跟着父亲从福建去新加坡谋求生存，在船上，天气突然冷下来，衣衫单薄的他们都冻得直打战。在当时的船里还有一个人，他就是著名的爱国华侨陈嘉庚。他见大家都冻成这样，便对仓库管理员说："你通知大家，我姓陈，给每个人发一条毯子，费用我来承担。"但管理员没有听清楚，使通知变成了"给乘客中每一个姓陈的人发一条毯子"。就这样，乘客中每个人不管姓什么，都说自己姓陈，都想拿到毯子。过了一会儿，陈嘉庚去船舱查看，只见一个十多岁的小孩没有毯子，躲在角落里挨冻，便问他为什么不领毯子，他说："船里通知说只有姓陈的才能领毛毯，可我姓李，不能去领。"这个小孩就是李光前。他的诚实给陈嘉庚留下了非常深刻的印象，李光前也与这位忠厚长者第一次相识。

长大后的李光前精通中英文，通过朋友的介绍，他去了中华国货公司工作，由此进入了商界。当时中华民国刚刚成立，中华书局和商务印书馆都出版了新的"共和版"课本和"中华版"教材，而当时东南亚在各地的华侨学校使用的仍是清朝末年的旧教材。李光前很准确地把握了这一点，迅速和国内的出版社取得联系，购入大量新版教科书，并把书转售给了各个华侨学校，为公司赚取了一笔不菲的收入。

在李光前23岁那年，他第二次遇见了陈嘉庚。那天，下大雨，他下班后就在附近街上吃饭。这个时候，正巧碰上陈嘉庚冒雨买东西，但没想到雨越下越大，虽然他的车停在附近，由于没有雨伞，没办法过去。正在他着急的时候，李光前迅速递过去一把雨伞。陈嘉庚头也不回地拿着雨伞就走了，甩下一句话："明天你去我的公司来拿吧。"第二天下班后，李光前去取自己的伞，受到陈嘉庚的热情招待，说非常感谢他借伞给自己。这时李光前便提起了那段发毯子的故事，陈嘉庚想起来后，不禁笑出声来。李光前的诚恳受到了陈嘉庚的极大赏识，甚至还和陈的女儿结了婚，而李光前不仅继承了岳父的工商事业，在慈善办学方面，也不逊前人。

郑裕彤——金铺里的"福娃娃"

提起郑裕彤，也许我们并不熟悉，但提起周大福，大家一定会想起遍及各大商场的连锁式金店，周大福的创始人，正是被称为"珠宝大王"的郑裕彤。

郑裕彤，出生于1925年，家境寒微，早在郑裕彤读中学的时候，连年的战火让他不得不放弃广东的学业，被迫随家人去澳门避难，而为了生存，他也不得不走上打工的道路。那时的他，个头不高，身体单薄，却很机灵乐观，对未来的生活充满了信心。到了15岁，父亲把他送到老朋友周至元正在经营的"周大福金铺"里当学徒，而周至元也正是他被指腹为婚的岳父大人。虽以"准女婿"的身份在金铺里帮忙，但他一样勤勤恳恳，从最为基础的事情做起，扫地、打水、扫厕所更是成了他工作的主要内容，只有空余时间才学习接待点小生意。周至元那时是出了名的坏脾气，人见人怕，可郑裕彤向来聪明好学，且

郑裕彤——成功就是勤和诚

善于察言观色，也因此从未挨过骂，成了金铺里的"福娃娃"。

此后不久，由于他的诚实和勤奋，岳父便正式教他做生意，而他不仅学习生意经，还常外出观察其他金铺怎样做生意，取长补短，终于在三年后升职成为金铺的主管，那一年，他只有18岁。三年后，他被岳父派去开分店。身揣两万元和24两黄金的他，在香港成立了周大福金行，之后的生意也越做越大。直到31岁时，终于结束了为岳父打工的阶段，转而全权接手周大福，成为当之无愧的金行老板。在那时，香港的金铺也数不胜数，为了赢得竞争，他首创四条九金（即含金量为99.99%），较一般商铺的三条九金（含金量为99.9%）和99%的含金量更高，虽然一时间顾客爆满，但为此付出的代价也是巨大的，每卖出一两黄金，都要损失几十块钱。但郑裕彤认为，这是一种免费广告，亏就是赢，有舍才会有得，虽然表面看来增加了几十万的成本，但因此带来的广告效应是无可比拟的。又过了两年，他的金行口碑大增，各家门店都竞相订货。从此，周大福便人气大涨。而郑裕彤所创四条九金的成功，既为他带来丰厚的盈利，也为他带来无与伦比的信誉。盈利的他并没有居功自傲，而是开始关注自己的员工，将珠宝行改为"周大福有限公司"，并把一部分股份分发给为公司带来巨大效益的老员工们，使公司的收益和员工的利益绑在了一起，也更是将员工们的心和自己绑在了一起。

之后，郑裕彤还将触角伸向了钻石和房地产，成为香港名副其实的"珠宝大王"和"地产大王"，和此前一样，名声大噪的他没有选择狂傲，而是热心投身于慈善和公益事业，对香港和海外的大学及团体慷慨解囊。

在香港，有人说周大福金行里的金永不"煲水"。而现实中，我们愿所有人学习和敬仰郑裕彤的心，永不"缩水"！

郑裕彤富可敌国，但他心中的成功并不意味着财富，他说："人的一生，'勤'字才是最重要的，然后是'诚'字，只要有了这两点，你的事业基本上就奠定了。"

高清愿——知恩图报的大商人

在台湾，如果提到高清愿这个名字，一定是无人不知，而在大陆，或许知道他的人并不会太多。但只要提到他的产品—"统一"绿茶和"统一"方便面的时候，就一定会恍然大悟了。高清愿，正是统一集团的创始人。

对台湾人来说，高清愿是一个富有传奇色彩的人物，人们给他的称呼有好几个，比如"台湾的阿信"、"台湾的松下幸之助"。而这些称呼的由来，正是因为他具备了和他们一样的东西，那就是出身卑微、白手起家、经历过很多的艰难和坎坷，但最后都通过自己的努力创办了知名的企业。

1929年，高清愿出生在台湾的一个贫寒的家庭，父亲靠卖牛为生，勉强维持着一家人的生计。在他13岁那年，父亲因为过度

高清愿——成功人有报恩之心

疲劳患上了肺结核而去世，剩下了他和母亲相依为命。母亲因为找不到工作，高清愿在勉强读完了小学之后不得不中断学业。由于家里太穷，经常是吃了上顿没下顿，他常常跑到别人刚收过的红薯地里找一些小残根回家糊口。这样的生活也不是个办法，他决定到市里打工，于是在舅舅的介绍下，他去了一家草鞋店做童工，当时的月收入只有15元。16岁时，高清愿来到吴修齐和吴尊贤兄弟俩开办的布行里做学徒，一开始他便自愿地从最基层做起，虽然工作很辛苦，但高清愿不断注意学习和观察周围的一切，终于依靠自己的努力和勤奋赢得了老板的信任。他得以跟在老板身边，又学习各种做事和做人的智慧，还不断摸索怎样才能当好一个公司领导。

在高清愿18岁时，吴修齐把生意做到了上海，他把台湾的生意很放心地交给了高清愿，而高清愿也很用心地去处理每一件事。时间很快过去了，高清愿一直想自己创业，为自己打工，便毅然地选择了离开。1967年的7月1日，他在台湾省台南市成立了统一公司，新公司里的许多经营理念，都得益于吴修齐的影响。而高清愿也是一个知恩图报的人，直到今天他都对自己过去的启蒙老师念念不忘，他觉得碰到吴修齐是自己一生的幸运。他说，不管是在个人的生活还是公司的经营方面，上天都没有给他一个好的家庭环境，但正是这位贵人给了他一个很好的学习机会，以至于在他创办了统一公司后，他依然坚持让吴修齐做公司的董事长，而自己则做总经理。

后来，成功的高清愿不止一次在各种场合说："如果我没有碰到吴修齐，就不会有我的今天，更不会有今天的公司。如果他是老师，那我就是学生；如果他是师傅，那我就是徒弟。"

曾宪梓——没鞋穿的孩子

　　曾宪梓，大家对这个名字也许不太熟悉，但只要一提到金利来集团有限公司时，大家一定都会非常了解。曾宪梓，正是金利来公司的董事局主席，在他的头上实在是有太多的光环，对他来说，最高的荣誉莫过于在1997年获得的香港特别行政区发勋衔制度中的最高荣誉奖章——大紫荆奖章。

　　曾宪梓是汉族的客家人，1934年，他出生在广东省梅县的一个普通的农民家庭，家里生活一直都很艰苦，他小时候经常连鞋都穿不上。新中国成立后，他依靠助学金读完了中学和大学，在27岁时从中山大学的生物系毕业，后来，去了香港。但毕业后的他两手空空，处境依然艰难，为了生存，他甚至给人家照顾过孩子。由于当时生活的窘境，使曾宪梓萌生了靠自己创业的念头，他每天晚上都会利用空余时间去研究和观察香港的市场情况。时间一天天地过去了，他终于发现，虽然香港的服装生产行业非常发达繁荣，但爱穿西服的香港人却没有一家自己的领带加工厂，这为他的创业带来了机遇。他向叔叔借来了6000港元，又把自己租来的房子腾出来，开办了一家领带加工厂。俗话说，万事开头难，开始的时候，曾宪梓和妻子仅仅是用手工的方式来缝制简单的领带。虽然他们没日没夜地工作，非常辛苦，但生意却并不怎

曾宪梓——刻苦、耐劳，永不畏缩

么好，慢慢的，通过他仔细地考虑，打算改做一些高档领带。他从市场上买来瑞士和法国的很多高档领带进行研究和仿制，终于生产出来一批具有自己特色的高档领带。而为了能迅速打开市场的销路，他甚至把第一批生产出来的领带通过一家商店免费提供给了顾客。由于他的产品花色和款式非常新颖，而且独具品位，很快就受到大家的欢迎，终于打开了香港市场。

到了1970年，他生产出来的领带已经在香港非常走俏，也正是在这一年，他正式创办和注册了自己的金利来有限公司。第二年，他又在九龙买了一块地，建起了一座小有规模的领带加工厂。曾宪梓当然并不满足于已经获得的成就，他希望把自己的产品做成真正的世界名牌。后来，他多次去欧洲参观和学习，汲取别人的制作工艺和经营理念，取长补短，还引进很多先进的生产设备和严格的检验及管理制度。"金利来"终于成为男人庄重、高雅和潇洒的代名词。

曾宪梓是典型的客家人，他总结自己的成功是因为客家精神，即"刻苦、耐劳，面对困难不畏缩，勇往直前，有智慧，肯拼搏。不浪费时间，把行动思想灌注到行业发展中"。

 李兆基——熨钱的少年

2006年，在福布斯杂志上被评为香港地区富豪榜第三名的，就是鼎鼎大名的恒基兆业主席、香港地产大鳄李兆基。

1929年初，李兆基出生在广东顺德，应该说他是幸运的。自小父亲就拥有天宝荣金铺和永生银号两个门店，经营着外汇、黄金等生意。从一懂事，李兆基就被送去一家私塾读书，学习四书五经，并且对读古文产生了浓厚的兴趣，这也正是他成名后，很多商界人士理解不了一个没有受过高等教育的人，怎样能在商界大展拳脚，而且出口成章，极富文学功底的原因。10岁那年，父亲聘请中山大学的梁惠民教授给他当老师，可见父亲对儿子教育有多么看重。后来，梁惠民发现李兆基非常喜欢思考，所以也常结合生活出一些新颖的题目来考察锻炼他。有一次，梁老师让他把"知止而后能定，定而后能静，静而后能

李兆基——开动脑筋想办法

安，安而能虑，虑而后能得"这句话，结合现实阐述一下，没想到少年李兆基简单思考后答道："一个人用一块钱做生意，那就只能买入一块钱的货，赚了钱自然会开心，如果赔了，也没什么。要知道适可而止，才能身心镇定，才不会受到邪恶的念头侵袭，就能明心见性，思想宁静，自然会理得心安，做起事情来才能周全考虑，才能在事业上有所得。"梁老师听后，颇为感慨，想不到这样的话能出自一个少年之口。

在过去的金铺行业，有句话叫"有金偷金，有银偷银"。李兆基在自家的店铺里也发现了这个问题。为了防止这种情况，他把想法告诉了父亲，可是考虑到金铺行业里人才急缺，这些人也得罪不起，李兆基终于下定决心自己学习这方面技术，想不到在12岁时，就已经成为顺德数得上的"金童"，对黄金知识颇有见地。抗战时期，人们都喜欢保留完整、干净、平直的纸币，这样就会让残币和比较脏的纸币的交易价值下跌许多。李兆基发现这个问题后，从洗衣服那里受到启发，他将纸币泡在水里，用漂白粉去掉污渍后晾干，再涂上蛋白质后风干，熨烫平整，这样就可以完整实现纸币的价值。于是，他将别人都不愿意收的纸币低价收入，经过处理后再利用，赚到了丰厚的利润。因此，他还

认识到一点，任何东西想要卖得好，必须有好看的包装。还有一点，就是只要肯动脑筋去想，方法自然会生出来，越是难度高，越能考验头脑，越能锻炼能耐，而且也一定越有厚利可图。

 ## 赖东进——从乞丐囝仔到公司经理

一位台湾青年，出身极其低微，却以无比的勇气和毅力，诠释了"奋斗"的真谛，他就是从乞丐囝仔到公司经理的"台湾十大杰出青年"之一的赖东进。

赖东进，出生于1959年3月20日，父亲在22岁时双目失明，从此开始行乞流浪的生活；母亲患有重度心智障碍，成天疯疯癫癫。赖东进就是出生在这样一个家庭，而除了一个姐姐，随后家里又多了十个弟弟妹妹，其中大弟和母亲一样，智商只有45，一家14口人以乞讨为生。为了防止母亲和大弟乱跑迷路，

赖东进——苦难命运助人成功

父亲不得不将他们用绳子或铁链绑在树下，自己带着大姐和小东进去乞讨，家里的孩子一个带一个，在泥地上爬着吃泥沙，眼盲的父亲在每个孩子的脖子上用一条红色的丝线绑上几个铃铛，以防爬远了抓不回来。在小东进的整个童年时期，全家人一直居无定所、四处流浪，住过树下、桥下、市场、戏棚下、田里、废墟，而最常居住的地方是墓地里的百姓公庙。这种童年生活让小东进吃了不少苦。

　　白天，小东进要跟随父亲和姐姐出门去乞讨，常遭别人的白眼不说，还要被地痞流氓打，甚至要和狗抢饭吃。遇到有人家办红白喜事，小东进早早地就去帮忙，这样不仅可以得到两三角的工钱，更重要的是可以要到"席尾"，也就是人们入席过后剩下的饭菜，这对于平日里只能吃发臭的饭菜的一家人来说，可算得上是珍馐美馔。到了夜里，年幼的弟妹经常因为肚子饿或尿湿而大哭大闹，安抚他们的工作当然不能指望智障的母亲，只能由姐姐或不足十岁的小东进来完成。此时，尽管已劳累了一天，小东进必须赶快奋力叫自己清醒，如果稍有怠慢，婴儿的哭声就会吵醒母亲和其他弟妹，全家人便会一夜不得安宁。小东进往往要揉着疲惫惺忪的睡眼，迷迷糊糊地从地上爬起来，把妹妹抱在怀里哄她入睡，一边在嘴里口齿不清地念着歌谣，一边把自己肮脏的手指塞进妹妹嘴里，让她当作是奶嘴吮吸着入睡。

　　在小东进十岁那年，父亲带全家人回到家乡，找了一个废猪舍安住下来，并且东拼西凑凑到学费供小东进去上学。小东进一直将学校视作"圣殿"，现在有机会念书识字，心中的兴奋自然不言而喻，但这种心情很快就被几个高年级的学生摧毁，他们嘲笑小东进是乞丐、穷鬼，甚至模仿他乞讨时的样子。懂事的小东进只能一再忍让，将自己的斗志发挥在学习上。六年小学、三年初中下来，每次都是用自己的奖学金交学费，光各类奖状就得了八十多张。由于成绩优异，又细心，小东进连续六年担任班长，那些之前看不起他的、欺负他的同学经过长时间的相处发现了他的优点，后来都主动向他承认错误、与他交朋友。这使得小东进十分欣慰，因为他发现念书可以换来尊重和自信。

　　中学毕业后，为了减轻家里的经济负担，赖东进进入职业高中半工半读。高中第三年，他进入了中美防火公司，并且努力工作，后来成了公司厂长。1999年，他当选为"台湾第37届十大杰出青年"。

　　2000年，他将个人经历写成小说《乞丐囝仔》发表，他说："我要感谢苦难命运，是苦难给了我磨炼，给了我这样一个与众不同的人生。"

 ## 李宁——从体操王子到商界巨人

2012年北京奥运会开幕式，万众瞩目的奥运圣火点燃仪式举行。一人手擎祥云火炬跟随画轴腾空绕场一周，接着用自己手中的火炬点燃了引线，明亮的奥运圣火照亮了北京的夜空，这个人便是李宁。

李宁，出生于广西柳州城内的一户普通人家，他有一个哥哥和一个妹妹，父亲李世波和母亲谭振梅都是小学教师，一家人的生活可谓平淡而艰辛。李宁的童年时光是在乡下的爷爷奶奶家度过的，到了7岁才被父母接回家，这时李宁已经长成了一个结实听话的小男孩。

回到柳州后，有一晚，眼看已经过了放学时间，李宁却迟迟不回来。父亲去学校寻找，发现原来李宁在教室外的窗户上偷看学校体操队训练，作为教师的父亲深知"兴趣是最好的老师"，便带他去拜访当时学校体操队的教练。但由于年龄未达到标准，教练害怕在训练过程中发生危险，坚决不同意让李宁加入。经过父亲好说歹说，最后还立下"军令状"，教练才勉强答应李宁成为学校体操队的"编外学员"。李宁知道学习机会来之不

李宁——梦想靠大家一起实现

易，一有机会就加紧训练，每次都练到浑身酸痛才回家。

在校队训练了几个月，机会终于来了，广西体操队教练梁文杰来到李宁所在的学校选拔运动员。由于年龄太小，李宁根本不在推荐队员之列，但机智的李宁不等教练点头同意，就开始表演绝招"竖蜻蜓"。虽然表演得并不成功，但他的调皮却把教练逗乐了。教练看出李宁是练体操的好苗子，就破格将他选进省级运动队，并在他身上采取"六项兼行"的训练方法，单杠、双杠、自由体操、鞍马、跳马、吊环等项目全面开花。

11岁那年，李宁参加全国少年体操锦标赛，赢得了自己的第一枚金牌。12岁，被国家体操队教练张健看中，顺利选入国家队。

进入国家队后，李宁更加刻苦练习，在1984年洛杉矶奥运会上一举摘得三金两银一铜，是中国单届奥运会上获得奖牌最多的运动员，他也因此被誉为"体操王子"。1988年退役后，李宁以其姓名命名创立了"李宁"运动品牌，并以此赞助1990年亚运会中国代表团为契机，开始了中国体育用品经营先河。

经过二十多年发展，"李宁"早已成为中国体育用品第一品牌，李宁自己也被《福布斯》中文版评为"十大最受尊敬的中国企业家"之一。李宁曾经说，一个人拿金牌，提升中国人的自信，是自己的梦想，创造一流的中国体育品牌也是自己的梦想，但要靠大家一起去实现这个梦想。

丁磊——中国的网络"神童"

中国IT界有所谓"网络三剑客"，正是有名的王志东、张朝阳和丁磊。丁磊，是网易公司的首席架构设计师和创始人，能在短短几年内，使网易成为在

丁磊——路是点点走出来的

美国公开上市的互联网公司，一定有着不为人知的智慧和故事。

1971年，丁磊出生在一个普通的高级知识分子家里。在四五岁的时候他就非常淘气，但他并不像其他孩子那样在外边调皮捣蛋，而是喜欢一个人在家里折腾他的小玩具，比如电子管和半导体之类的物件。因为父亲是宁波一所科研机构的工程师，他便自小生活在无线电之类的环境里，这不得不说是受了父亲极大的影响。而正是这些自小就接触的东西，让他在上初一的时候就能靠自己独立组装出一台六管收音机，在当时被传为一段佳话。因为那是一个非常复杂的收音机，可以同时接收短波、中波和各种调频广播。也正是这项发明，使他获得了"神童"的称号，大家都坚信长大以后的他会成为一名出色的科学家。

18岁时，丁磊进入电子科技大学学习。他的大学辅导员回忆说，那时的丁磊总是一副笑嘻嘻的面孔，他是班里的团支书，非常乐于助人。如果说丁磊能有日后如此成功的表现，就一定要归功于一点，那就是他很喜欢到学校图书馆看各种计算机方面的书籍和许多外文科技，他总是能比别人更快地获得世界最前沿的科技信息，而有关互联网的知识也是从这里接触到的。后来有一段时间，丁磊一直不愿提及自己的个人生活，而他在一次公开场合曾表示，他并不反对大学生谈恋爱，但一定不要荒废学业。他之所以用"荒废"而不是"影响"，说明他对谈恋爱所浪费的时间和精力是有自己独特的认识的。

当然，对丁磊来说，在大学里真正占用他时间的，还是当时流行一时的计算机技术，他曾主动找过自己的导师冯林老师，说要参加他领导的一个电磁场

CI软件项目，并自信自己能完成好，正是这份自信，给当时的老师留下了非常深刻的印象。而在当时，他已经可以用计算机进行编程，并做一些界面设计，这对一个普通的学生来说，已经是一件非常了不起的事情。有人回忆说，丁磊从来都不是一个别人逼着走路的人，做任何事他都要走到别人的前面，非常的主动。这也就让他在大学里的各项成绩都非常优秀，而即便如此，他也从不张扬，而是非常低调地做事待人，而他的人生性格，正是在这里慢慢地形成了。26岁时，他创办了自己的网易公司，并拥有50%以上的股份，成了真正的老板。后来才知道，这些创办公司的起始资金都是他靠自己写程序赚来的，而他当时并不是想做什么老板，只是想按照自己的计划一点点地努力罢了。

丁磊的故事也许不像很多人那样充满着传奇的色彩，但正是这一点点的平凡，一点点的努力，成就了中国的一个网络巨人，不能不说是一个奇迹。

 ## 马化腾——QQ王国"小马哥"

腾讯主要创办人之一马化腾，被称为"QQ之父"，而公司里更多的人喜欢亲切的称呼他为"小马哥"。很多人认为腾讯的诞生和发展是中国互联网的一个传奇，但其后许多不为人知的艰难而困惑的日子，又有多少人懂得？

小马哥出生在美丽的海南岛，虽然当时生活条件艰苦，文化设施和书籍更是缺乏，但是他十分好学，尤其对于天文很是着迷。高考填志愿曾一度坚持填报天文专业，但由于父母的干涉，最终报考了深圳大学计算机专业。从此，小马哥与计算机结下了不解之缘。很爱"玩"的他既成为各种病毒的克星，同时又经常干一些将硬盘锁住的恶作剧，让学校机房的管理员哭笑不得。小马哥的

马化腾——为大家开发最有用的东西

第一桶金来自大学的毕业设计。1993年毕业前夕，他设计了一个"股票分析系统"，不久有个公司看中了这个软件，就问他多少钱才肯卖，但当时的小马哥和家人都不知道这软件值多少钱，就让对方出价。后来，对方给了小马哥5万元，这一下可把小马哥乐坏了，他还专门找了个朋友帮忙将钱提回家。

尝到甜头的小马哥从此一发而不可收，随后他与同学合作开发了"股票接收系统"，他负责设计软件，另外一人负责硬件。由于使用这个装置，用户利用电视实时查看股票行情，市场销路十分好，最高的时候一台卖到2000多元。这又让小马哥赚了几万元，直到后来与小马哥合作的同学出国，他们才停止制售"股票接收机"。那时，真正的互联网还没有全面普及，但小马哥却已经迷上网络，初上慧多网就让他体验到网络的乐趣。半年后小马哥投资5万元在家里搞了4条电话线和8台电脑，担任了慧多网深圳站站长，每天在工作之余忙得不可开交。久而久之，深圳"马站"在慧多网上声名鹊起，但很少有人知道马站长其实只是个20出头的年轻人。

这一时期的创业对于马化腾之后的路是非常重要的，他常说："其实我是一个很爱网络生活的人，知道网迷需要什么，所以为自己和他们开发最有用的东西，如此而已。"

马云——笨小孩

马云，中国著名的企业家、阿里巴巴集团主要创始人、曾任阿里巴巴集团主席和首席执行官，同时也是《福布斯》杂志创刊以来首位登上封面的中国大陆企业家。

其实很多人并不知道，在马云很小的时候，他就认为自己是个傻孩子。儿时经常打架，很多次不是为了自己，而是为了朋友，义气两个字在马云的心里举足轻重，甚至为了义气打架缝了13针，受过处分，还被迫转学到了其他学校。因为家庭条件不好，生活压力大，父亲常常脾气很大，马云也就从小在父亲的拳脚下长大。但这样的氛围没有让他性格内向，反而非常喜欢交朋友，人缘非常好。他说，我大愚若智，因为头小，所以很笨，只能一个个地去想问题，如果你一次问我三个问题，我就消化不了了。小时候，他数学考过一分，许多功课都不理想，只有英语很棒。因而老师热情地鼓励他，遇到外国人就要大胆地同他们交谈，不要觉得丢人。这样时间长了，自然英语会很流利。也正是这句话，对马云后来能够成功起到了非常大的作用。他没有读过一流的大学，从小学到中学都是很普通的学校，直到高考失败，无奈之中找了一份踩三轮车的工作。直到有一天，他在火车站拾到

马云——坚持到底就是胜利

一本路遥的《人生》，就是这本书改变了他的命运，他要读大学。三次高考，勉强才考上一个大专，恰好本科没招满人，马云就这样幸运地上了本科。

大学毕业后的马云，做过教师，卖过礼品，开过翻译社。1994年，马云首次听说互联网，1995年，马云开设"中国黄页"；1999年，马云辞去公职，正式下海，以50万元人民币开设阿里巴巴，成为"互联网的第四模式"，他终于以"东方的智慧、西方的运作、全球的大市场"成功创业。

一路走来，并不顺畅，马云最经典的一句话就是："坚持到底就是胜利！"

杨致远——不算勤奋的学生

杨致远于1968年11月8日出生于中国台湾台北市，其父在其两岁的时候去世，他和弟弟由母亲抚养长大。

杨致远于1990年以优异的成绩进入离家不远的斯坦福大学。在斯坦福大学，熟悉他的人认为杨学习不算勤奋，甚至还有点懒，但思想活跃，善于交际，是大学社团的领袖，训练了他日后作为企业领导者的组织才能。他大学毕业时觉得自己还欠成熟，就留校从事研究工作。正好，大卫·费罗也留校从事研究。费罗1988年毕业于杜兰大学，而且一度担任辅导杨致远的助教。一向全拿"A"的杨致远在费罗的判官笔下却居然只得了"B"，

杨致远——创业的过程最重要

对此杨致远至今还发牢骚。后来两人同班听课，还在作业方面开展合作。以此为起点，两人成了最佳搭档。

费罗内敛，喜沉思，而杨致远活跃，是社团中的领袖。费罗善于在屏幕上整理资料，有一种"只要在终端前，就能统治全世界"的感觉。费罗的实验室像个被暴风肆虐的地方。而杨致远的住所比较干净，但在电脑的操作上，却没有费罗有规划。两人的实验室相邻。不久，两人报名去了日本。在那里两人都成了外国人，友谊与日俱增。回到斯坦福，两人在一辆学校拖车上成立了一间小型办公室。

1994年4月，仍在斯坦福大学就读的杨致远与费罗为了完成论文，迷上了互联网，整天泡在网上寻找资料。在这个过程中，他们收集到很多自己感兴趣的站点并加入到书签，例如科研项目、网球比赛等等，以便查找。可是随着这些收集到的站点越来越多，他们感到查找起来非常不方便，于是，他们把这些书签按类别进行整理，每个目录都容不下时，再细分成子目录。这种核心方式至今仍是雅虎的传统。编制成软件，并放到网络上让其他冲浪的人享用，不久，他们的网站招来了许多用户，受到了极大的关注和广泛的欢迎。许多网友纷纷进入斯坦福大学电机系的工作站使用这套软件，使校方大感困扰，抱怨这项发明影响了学校电脑的正常运作。但是杨致远与费罗仍然积极为此努力，1995年的一个夜晚，杨致远和费罗翻着韦氏词典，为他们的"产品"编造名字。其中"Ya"取自杨致远的姓，他们曾设想过Yauld，Yammer，Yardage，Yang，Yapok，Yardbird，Yataghan，Yawn，Yaxis等一系列可能的名字，突然间，他们想到了Yahoo这种字母组合，然后迅速翻开手边的韦氏英语词典，发现此词出自斯威夫特的《格列佛游记》，指一种粗俗、低级的人形动物，它具有人的种种恶习。这个词显然不太雅，但仔细一琢磨，"反其意而用之"。在强调平权的因特网上大家都是乡巴佬。为了增加褒义色彩，后面加上了一个感叹号，于是就有了"Yahoo！"。"没错，太好了，就是它了，这简直是神谕！"

雅虎诞生后，即以其独创占尽先机，其开拓性的发展思路将人类带进了网络时代。雅虎成了互联网明星、吸金大王，但杨致远对此有清晰的认识。他说："如果只是为了成功和金钱而创业，能接受创业吗？不能。怎样才能接受失败？是因为能坚持，对所做事情的热爱，一种固执的'笨'。在创业中，过程始终比终点更为重要。"

"史大胆"——人生就是"魔方"

　　一个令莘莘学子无比敬佩的创业天才，一个失利后又重新创业的成功者、保健巨头、网游新贵，他就是史玉柱，身家数百亿的企业家。

　　史玉柱，1962年出生于安徽省怀远县城，他的父亲是一名普通的公安干警，母亲是一名工人。小时候，父亲对史玉柱管教极严，他常常一个人安静地看书，尤其对小人书十分着迷，史玉柱虽然成绩中等，但却是个有恒心、有耐心的孩子，每天回到家必会先完成作业再吃饭，因此从来没有过不完成作业的情况。

　　史玉柱内向的性格使他愿意一个人在相对安静和隔绝的环境中进行自我探索，出于对魔方的好奇，他经常一玩就是两三个小时。在后来事业成功后，他还用魔方来比喻生活：人生就是"魔方"，是色彩斑斓还是

史玉柱——失败是人难得的机会

暗淡无光，全靠自己的一双手。不仅如此，他还喜欢把家里的东西拆来拆去，小到闹钟，大到电视机，都成了史玉柱探索的对象。

小学五年级时，父母买给史玉柱一套《十万个为什么》，好奇心和探索精神极强的史玉柱根据书中所讲的收音机制作原理，在自己家门口组装了一个收音机，虽然设备简陋，但音量却很大。初次的成功让史玉柱的"野心"膨胀，在他刚上初一的一天晚上，他读了《十万个为什么》中的《炸药的威力为什么会很大》，再加上经常看战争片，听到过"一硝二磺三木炭"的制造炸药秘方，"艺高人胆大"的史玉柱决定制造炸药试试威力。经过反复试验，他终于配制成了土炸药，随着"轰"的一声爆响，史玉柱满脸喜悦，闻声跑出屋子的父母却怒不可遏，因为爆炸的炸药吓坏了刚好经过的邻居，万幸的是没有伤到人，父亲只好揍他一顿了事。从此，邻居送史玉柱外号"史大胆"，这一系列事件对史玉柱后来的冒险精神和创业精神都产生了一定的影响。他虽然不是父母眼里的乖孩子，老师心中的好学生，但却拥有善于独立思考和独立解决问题的习惯。

史玉柱上初中二年级时，我国恢复了高考，他不甘心窝在一个小县城，便开始发奋读书。本身就很聪明的史玉柱各科成绩直线上升，尤其数学成绩更是每次都名列前茅，他很快成了学校里人尽皆知的"黑马"、老师们重点培养的对象。史玉柱也没有令人失望，最终以怀远县总分第一、数学119分的高分考入浙江大学数学系。

大学毕业后，史玉柱被分配到安徽省统计局，负责各种数据的分析处理，没过多久，又被单位派去深圳大学软件学管理系进修研究生。在那里，他系统学习了关于计算机软件的知识，并在毕业后产生了创业的想法。1991年，史玉柱成立巨人公司，1995年，史玉柱被《福布斯》列为内地富豪第8位，1997年，巨人大厦未按期完工，巨人集团名存实亡。2000年，史玉柱再次创业，开展脑白金业务。2007年，史玉柱旗下的巨人网络成功登陆美国纽约证券交易所，总市值达到

42亿美元，融资额为10.45亿美元，史玉柱个人身价达到500亿元。

史玉柱曾感慨地说：人在顺境的时候，在成功的时候，他是沉不下来的，总结出来的东西往往是虚的。只有失败的时候，总结教训才是深刻的。

俞敏洪——"笨鸟先飞"的草根

俞敏洪，新东方集团的总裁，一个被誉为当今中国青年大学生和创业者的"心灵导师"和"精神领袖"。

在俞敏洪的演讲中，他常这样说，当一个人被认为是成功者时，发生在他身上的每一个故事都会成为注脚。而有两种人是必然会成功的，一种是经历过各种生活的艰难困苦和严峻的考验，经过成功和失败的反复和交替，最终走向成功；而另一种，则是没有生活的大起大落，但能在技术领域达到巅峰，亦能成功。当然，我属于前者。20世纪60年代初，俞敏洪生在一个普通的江苏农村家庭，他因为英语培训成功，却由于自己的英语成绩太差而两次高考名落孙山。他说，从那时开始，他和英语拼上了劲，终于在1980年，参加第三次高考的他终于考上了大学。而具有戏剧性的是，他被北京大学西语系录取。

俞敏洪——坎坷是人生难得的财富

大学里的俞敏洪，土里土气和相貌平平是大家对他的一致印象。他在高三的复习班同学周成刚，现任北大新东方校长经常说道，我奋斗了这么多年，没想到后来却是在为他工作。而俞敏洪也自嘲说，在五年的大学生活里，没人认为他会有什么出息，甚至没有一个女孩正眼看过自己。当然，他并不是为了贬低别人，而是想强调，任何人都是有机会的，只要不怕吃苦，即使是笨鸟先飞，也一定会取得自己的成功。

实际上，俞敏洪并不是一开始就有了远大的从商梦想，只是时刻准备着为了自己的生活而做出改变。从大学毕业之后，很多同学都选择了出国，而他因为成绩平平，只好在校当了一名普通老师。几年后，他也终于如愿以偿，获得机会去美国一所大学读书。为了能攒钱出国，他便在一个施工工地上开设了自己的培训课堂，那一刻，这份偶然的经历成了日后成就大事业的一个雏形。

成功的俞敏洪常把自己比作一只蜗牛。也许雄鹰可以展翅高飞，顺利飞到金字塔的顶端，而蜗牛只能一步一步往上爬，甚至中间有掉落的危险，但蜗牛是富有的，它比雄鹰更具有财富，因为它经历了更多的坎坷，当它终于爬上顶端的那一刻，获得的成就感，将是无与伦比的。

 周星驰——小人物的成功蜕变

提起《逃学威龙》、《唐伯虎点秋香》、《大话西游》、《食神》、《喜剧之王》、《少林足球》、《功夫》、《长江七号》等电影，想必每个人都会想到那个熠熠生辉的名字——周星驰，香港电影的喜剧之王，然而，"星爷"其实也有过一段艰难求索的龙套岁月。

周星驰，1962年6月22日出生于香港的一户平民家庭，他的父亲是上海人，母亲是广东人。在他还很小的时候，父母就离婚了，小星驰和其他四个姐弟和母亲一起生活。一个女人带着五个孩子，生活的艰难程度可想而知，但母

周星驰——让别人开心，让自己成功

亲凌宝儿却不愿在孩子们面前展现哪怕一点儿软弱，哪怕是经过一天的繁重劳动，她都会哼着歌曲为孩子们做饭、做家务。母亲的这种乐观性格对小星驰影响很大，虽然家境贫寒，他的童年却过得很快乐，并且养成了日后乐观、开朗的性格。为了缓解家庭的经济压力，周星驰从小就会利用课余时间做各种工作以补贴家用，他在街头摆摊卖过指甲剪，在茶楼做过跑堂，在工厂打过暑期工，还在酒楼卖过点心。酒楼中穿梭着形形色色的人物，周星驰在那里接触到了社会的各个层面，可谓"人间百态，尽收眼底"，这为他日后在银幕上塑造人物形象打下了坚实的基础。繁忙的工作之余，周星驰会通过看电影的方式放松自己，那时正是李小龙影片在海外和香港风靡的时候，周星驰为李小龙精彩的中国功夫所深深吸引，几乎每逢李小龙的电影放映，他都会去看，但家里根本没有富余的钱给他买电影票，他就偷偷混进去看。久而久之，影院看门的几个师傅都认识了小星驰，但他们看他那么崇拜李小龙，便对他的逃票行为视而不见了。

中学毕业后，由于成绩比较差，周星驰决定去报考香港无线电视台的演员训练班，但结果却令他备受打击，幸好他凭借执着坚忍的性格总结经验、勤学苦练，终于顺利成为无线电视第11期夜间训练班的学员。在那里，他把自己以前通过看电影得来的对表演艺术的认识上升到理论层面，演技突飞猛进，终于以优异的成绩从训练班毕业。然而，眼看着其他同学成了香港无线电视台的艺员，或拍摄电视剧，或参与电影表演，周星驰自己却被指派担任一档儿童类节目的主持人。但周星驰性格中的韧性使他很快走上了这个工作岗位，他清新的主持风格也很快受到了广大观众的欢迎，但他并没有放弃自己的理想，他想方设法地主动为一些电视剧担任龙套演员。在1983年港版的《射雕英雄传》中，周星驰扮演一个宋朝士兵，共出场四次，几乎没有台词且镜头影像模糊，在片尾的字幕上也仅仅打着"宋兵甲——周星驰"。这种龙套生涯一过就是四年，而正是这些龙套角色，使周星驰在演艺道路上一步步成长起来。

1990年，由周星驰主演的电影《赌圣》票房收入到达4132万港元，打破了香港票房收入的纪录，并一举荣获十大卖座电影第一位。"星仔"完成了向"星爷"的成功蜕变。之后，周星驰除了出演大量高票房的电影，还亲自执导了一系列口碑良好的无厘头系列电影。2012年的《西游——降魔篇》票房超过10亿，"星爷"登上了自己事业上的另一座高峰。

在周星驰看来，成功很简单，就是：把别人垫高了，把自己放低。让别人有了安全感，让别人有了快乐，让别人有了自信，让别人有了希望，别人会喜欢自己，自己才会顺顺利利地成功。

 ## 黄贵银——炒爆米花的小男孩

说起黄贵银，可能知道的人不多，可一提起九鑫集团，提起满婷、新肤螨灵霜等系列产品，那么则可以说是家喻户晓了。20年前一个还在大山里放羊的穷孩子，到现在成为众所周知的亿万富翁，黄贵银的创业之路也可谓历尽千辛万苦。

黄贵银是山东泰安人，家里10个子女中，他年龄最小，小时候，家境非

黄桂银——贫穷也是上苍的恩赐

常贫寒，经常揭不开锅。当时只有10来岁的黄贵银就比自己的哥哥姐姐更懂事。由于生活贫苦，黄贵银很早就帮着父母操持起了家务，而他的主要任务是放羊。虽说放羊是一个体力活，那时的黄贵银却从放羊中学到了生意经。他最开始养了一只小母羊，第二年，小母羊下了小羊崽，他把小羊崽养到半大卖了，换回了一对小羊。这样，有计划地买进卖出，等到17岁那年，家里已经有60多只羊了，可以每年卖几只羊来负担家中的柴米油盐，家里的生活也慢慢变好。但黄贵银觉得还不够，他认为自己应该为家里创造更好的生活，可放羊绝不是自己一辈子的出路。这时正好有一个在沈阳工作的亲戚找到了他，说沈阳一个家具厂需要请木匠做家具，因为人手不够，想请黄贵银帮帮忙，给他打打下手。当时的黄贵银虽然对木工活一窍不通，但他寻思着这是自己走出去的最好机会了，便毅然跟着这个亲戚走了出去，第一次离开了生他养他的大山沟。

来到大城市后的黄贵银显然没有想到他走的每一步都是那么艰难。

在亲戚家的家具厂做完活后，他就没有了工作。亲戚帮他借来了一台爆米花的机器，简单教了一下怎么操作，就让他自己上街去帮人家爆爆米花，也算学门手艺。根据材料的不同，爆米花对压力、火候有不同的要求，比如爆大米花，空气绝对不能漏，火候也不能太大。黄贵银哪里知道这些！出去的第一天，爆的就是大米花，结果第一锅爆出来，一碗米爆得只剩下半碗了，又黑又糊。回到家里他反复琢磨，第二天就爆出了合格的爆米花，每天可以赚20元钱。但是，随着夏天的到来，爆米花的生意渐渐冷清，他的第一份工作干了一个多月就干不下去了。

后来，亲戚的邻居承包了一个沙场，让黄贵银去筛沙，每天从早筛到晚，做了一个多月后他觉得不能再做了，太累了。接着，他去了吉林市，在那里收购劳保手套，干了一个夏天，居然挣了好几千元。解决了温饱问题，黄贵银就开始了他新一轮的打算。黄贵银看了城里人开店办厂致富的例子后，自己也有了一个很深刻的认识。"开店，办厂，都需要资金，可这第一笔原始资金怎么才能筹得来呢？靠自己打工，是几辈子都赚不来的；向家里借，我又开不了这个口，况且家里也没这么多钱。"这时，黄贵银却找到了一个能发财的商机，那就是当时盛行的国库券。于是，黄贵银凭着多年的经验和敏锐的商业头脑，开始做起了炒国库券的生意。不到两年，黄贵银就赚到了他有生以来最多的一笔钱——两万元。有了原始资金的黄贵银就这样开始了他的代理生意。

1995年，他与普通经销商一样，还只能靠赊销代理他人产品惨淡经营的时候，一个商机出现了，他代理了山东济南东风制药厂的新肤螨灵霜。经过近十年的打拼，第一个满婷产品——满婷皂于2002年7月正式上市，满婷皂、满婷霜、满婷沐浴乳等各款产品都受到了消费者的好评，甚至在全国各大城市出现了脱销的现象。

黄贵银曾说："贫穷也是上苍的恩赐，因为贫穷，因为卑微，才会最不引人注目；从跑龙套、小角色起步，这样才可以一点一滴地积累起生意的基础，一横一竖地编织起生意的网络，才能更靠近生意的核心。"

陈光标——捡垃圾的年轻慈善家

一位连温家宝总理也要为之致敬的人，一位执着于慈善的人，一位坚守"富而有德，德富财茂"的人，他就是"中国首善"陈光标。

陈光标——财富如水，与人共享

陈光标，生于江苏泗洪县的西南岗地区。靠种地为生的父母生养了5个孩子。在陈光标两岁的时候，一个哥哥、一个姐姐因为家庭极度贫困，先后饿死，这给童年的陈光标带来了恐惧记忆。这种恐惧的记忆唤起了陈光标靠自己改变命运，一定要脱贫致富的想法。陈光标10岁的时候已经开始了对创业致富的探索，那时，上小学的陈光标，利用中午放学时间，用两只小木桶从二三十米深的井中取水，再挑到离家1公里的集镇上叫卖。童年的陈光标背负着生活的苦难，还有对未来的憧憬。

13岁时，陈光标开始每天骑着自行车跑十几里路去卖冰棍，还做起贩粮的买卖，从开始的骑车子贩粮到后来开车，从一天赚5元钱到一天能挣到300多元钱，陈光标在致富路上尝到了甜头。17岁那年暑假结束的时候，陈光标挣了两万元钱，成了全乡第一个万元户，这正是他在这样艰苦的环境中逐渐显现出来的经商才干。

心地善良的他在经商过程中也曾被骗过。有一次，他认识了一个在淮阴车站旁小商品市场做生意的温州人，两人决定在一起做棉鞋生意。那是陈光标第一次决定与人合伙做生意。当时，忠厚的陈光标先行支付了3万元的货款，可是等货发过来，才发现那些货全是伪劣产品，鞋底全是硬纸板糊的，晴天还看不出来，一到雨天鞋底就全烂了。这一次陈光标把辛苦几年挣来的钱全赔了进去，当时心疼得几天吃不下饭睡不着觉。这一次挫折并没有吓倒陈光标，几天之后，他又重新振作起来，从自己的老本行贩粮生意重新开始，没有本钱收粮，他只能暂时赊欠别人，而凭借着当年做生意留给乡亲的诚信形象，家乡的老百姓都愿意把粮食赊给他。多年以后，当陈光标回想起这段往事时，总是眼含着泪水。他常说，正是乡亲们的信任和支持，才有了他今天的成就。陈光标扭转了危机之后，又跑过客运运输、贩过花生，生意虽几起几落，但却愈挫愈勇，一次又一次的成功与失败，锻炼出他坚强的意志。

在从商磨炼的同时，他并没有荒废学业，做生意都是利用课余或是节假日的时间。他一直保持着良好的自学习惯。1985年，陈光标考入南京中医药学院。毕业后，带着对家乡发展的热情，他还是坚持回到了家乡创业。1999年，陈光标考入南京大学商学院研究生，并以南京大学EMBA硕士毕业。2003年，陈光标创办江苏黄埔再生资源利用有限公司，致力于发展循环经济、绿色经济、变废为宝，同时，积极投身社会慈善公益事业，累计捐赠款物14亿元，成为"中国首善"。

陈光标说："财富如水，如果有一碗水可以一个人喝，有一桶水可以存在家里，要是有一条河就应该与大家分享。"

周杰伦——"不倒翁"

年轻人都认识周杰伦，他那独特的歌曲，动听的音乐，总能给人留下深刻的印象，而在他光鲜亮丽的背后，也曾经历过各种坎坷。

小的时候，周杰伦就对音乐非常敏感，一听到音乐就会跟着曲子的节奏摇头晃脑，还喜欢一边看着电视，一边学歌手唱歌。母亲注意到他对音乐有着独特的爱好和天赋，便拿出了家里所有的积蓄，给他买了一架钢琴，而这个时候，周杰伦只有四岁。在他的高中联考上，他的功课还是很差的，竟然只考了100多分，但那时淡江中学正好有第一届音乐班招生，他怀着一种试一试的态度

周杰伦——一步一步往上爬

参加了考试，没想到考上了，从此也便拉开了他追梦的序幕。

但周杰伦上学时严重偏科，还经常不及格，没能考上大学。是就业还是择业？周杰伦面对着一个每个人都要经历的难题，如果是择业，那最能吸引他的就是做一名歌手，可他当时只有17岁，怎样才能成为歌手呢？几次碰壁后，他无奈地选择了在一家餐厅做服务生，先能养活自己再说。他在餐厅的工作还是挺简单的，只要把厨师做出的饭菜交给女服务生就可以了。那个时候，周杰伦依然没有放弃自己的音乐爱好，他总是戴着一部随身听，边工作边听歌。幸运之神终于来了，餐厅老板为了能提高餐厅档次，准备在大厅放一架钢琴，但后来换了好几位钢琴师都不满意。而周杰伦在空闲的时间里曾偷偷地试了一下，没想到他的琴声震惊了很多同事，包括他的老板。就这样，他便每天可以腾出来两个小时去弹琴了。

后来有一个难得的机会，周杰伦成了一家唱片公司的制作助理。他在负责公司所有人盒饭的闲暇时间，在一间只有7平方米的房间里开启了自己的创业之旅。半年内，他写出的歌还是很多的，只是曲子很奇怪，没有一位歌手能接受，其中包括拒绝过《眼泪不哭》的刘德华和《双截棍》的张惠妹。慧眼识珠的吴宗宪把他带到一个房间，说如果能在10天之内拿出50首新歌，他就把其中的10首拿出来做成专辑，既然大家都接受不了你的曲风，那你就自己唱吧。10天后，他如约拿出了50首新歌，而专辑便是后来一夜成名的《JAY》。从这一刻，周杰伦终于打开了成功之门。

正如周杰伦歌里所唱的，"经历的伤都不感觉疼，我要一步一步往上爬，小小的天总有大大的梦，重重的壳过着轻轻的仰望，总有一天我有属于自己的天……"

陈欧——我为自己代言

"为梦想奋斗，活出自己的色彩，做最漂亮的自己。我是陈欧，我为自己代言。"陈欧，就是聚美优品CEO及联合创始人。

陈欧，很小就被称为"天才少年"，16岁于新加坡留学，就读于南洋理工大学；在大学期间成功创办在线游戏平台Garena；26岁获得美国知名大学斯坦福大学MBA学位，是该校历史上最为年轻的中国MBA毕业生；学成归国后，发现了中国前景广阔的爱美女性市场——创办了女性化妆品聚美优品网。28岁的他，如何演绎自己帅气的青春？用他自己的话来说，自己是一个想法很多的人，喜欢去创造并将想法付诸实践，而在奋斗的过程中，总是不按常理出牌。

在大学，他主修的专业是计算机，但业余爱好是赚钱。如何赚钱呢？打游戏比赛。当爸爸知道他在大学玩网络游戏时暴跳如雷，对着电话大加指责，和很多人的观点一样，爸爸怕他玩游戏丧失斗志，但是陈欧并没有沉迷其中，颇有天赋的他并没

陈欧——活出自己的色彩

有把打游戏当成生活，而是不断发掘创造新的游戏。在大学最后一年，他只凭借一根网线、一台笔记本电脑，在大学宿舍创办了当时在全球领先的在线游戏平台Garena，全球拥有超过2400万的用户，吸引了大量的游戏玩家。

本想回国继续自己的游戏市场的开发，未曾想国外游戏模式在中国市场有些水土不服，于是，他把眼光放在了当时初露尖尖角的女性网购市场。当时很多人不解，一个大男人，却来经营女性化妆品，不想，这反而给他提供了一个大好机会。凭借其高效的经营策略手段，聚美的注册用户数量持续增加。帅气的青春仍然在上演，看到出现在荧屏上为自己的网站代言的陈欧，真是令很多人大吃一惊，真是"王婆卖瓜，自卖自夸"啊。果然，他不按常理出牌的思路又为他及聚美吸引了众多的"眼球"。

创业当成一种享受生活的过程，为了梦想而奋斗。奋斗的人生最充实，只要努力、自信，每个人都可以为自己代言。

 ## 李想——80后泡泡网CEO

李想，于1981年出生于石家庄，2000年开始创业，是泡泡网的首席执行官。在《财富》杂志发布的"中国40位40岁以下商界精英"榜单中，排在第27位的李想是排名最靠前的80后企业家。

李想的父母都是当地艺术学校的老师，家教宽松。童年时期的李想在乡间长大，中学时跟奶奶住在一起，很少被父母留在身边，在农村成长的经历使李想具备了正直、诚恳的品质。

李想从高中时就开始接触电脑，那时上网很贵，一个月要七八百块钱，在此期间，李想迷上了个人网站，除了上学他把所有的时间都用在计算机上，像许多电脑迷一样，他也建了一个个人网站，而他建网站的目的只是自己做着玩，不过争强好胜的性格使他要求自己的网站一定要比其他人的好，很快，他的网站达到了同类网站中的浏览量第一。

李想——勇敢做自己

1999年，18岁的李想正在读高三，而当其他同学都在全身心复习准备迎接"千军万马过独木桥的时刻"时，李想却决定放弃高考去创业。而老师连劝都没劝他一句就同意了，因为他是课堂上心不在焉的差生，他的退出将会有利于提高学校升学率。在李想看来，他并不是不会读书，只是不适合读书，他不喜欢课堂，而是喜欢学习在实践中能快速运用的知识，需要什么才学什么，学了什么就马上用起来。但初中时的李想也曾经在课堂上拼命学习，就因为老师一句话的激励："学习不好不要紧，但一定要做个优秀的人。"他认为这是他在课堂上所学到的最有价值的东西。中学六年，李想把所有业余时间都给了计算机和互联网，他可以转遍石家庄所有的邮局去买一张软件，整夜待在电脑前搭建自己的网上王国。白天在课堂上不愿同老师同学分享观点的他，晚上在互联网上可以敞开心扉自由地表达，他所学的新东西都是在互联网上学到的。他不喜欢写作文，但他写的电脑性能测评报告却经常得到发表，来自各电脑期刊的稿费平均一个月有4000多元，比他父母的工资还高。李想在高二时就退学，退学后的2000年，李想创建了泡泡网。他在说服他的父母时说："互联网是个潜力无穷的增长市场，现在我不去占领，等我读完四年大学，早就被别人占领了。"也许正因为看到了儿子的决心和雄心壮志，他的父母也支持了他的决定，这可以算是李想成功故事的第一个台阶。

第二年，他告别父母从石家庄来到了北京，开始正式的商业运作。5年后，泡泡网成为国内第三大中文IT网站。

2005年，他将第二次创业锁定在了汽车上。李想从IT产品向汽车业扩张，创建汽车之家网站。汽车之家现已成为全国访问量最大的汽车网站。2006年5月，25岁的李想获得年度十大创业新锐奖，成为首个获此荣誉的80后，也成为一批年轻人"勇敢做自己"的榜样。

对于成功，李想说："年轻人创业和发展7个要点是方向、目标、意愿、方法、毅力、成果和自我观察。"

汤珈铖——问题儿童和传奇股神

你相信一个衔着金钥匙出生的小孩会患上抑郁症吗？你相信患上抑郁症的"问题儿童"会在20岁的时候成为香港的股神吗？这样的奇迹就发生在他身上，一个叫汤珈铖的少年。

汤珈铖于1983年2月26日出生于香港，他的母亲是台湾拥有"一代侠女"之称的金马影后徐枫，父亲是拥有"浦东开发第一人"之称的汤君年。汤珈铖从小性格内向，他12岁被父母亲送到美国波士顿念书。因为从小有着叛逆的心理，汤珈铖对于当今的教育体制非常不认同，他从小讨厌上学，厌恶

汤珈铖——不断充实自己

学校，甚至到13岁的时候患上了抑郁症。面对儿子的病情，汤珈铖的父母非常心痛，希望美国的教育制度能够缓解他的病情。然而事与愿违，汤珈铖的病情越来越严重，汤君年决定让儿子回家休养，恢复健康后先进入社会这个大课堂进行学习和实践。

这样的方式似乎对于汤珈铖来说是非常有用的。辍学后，他在母亲的陪同下环游世界近半年，情绪得到恢复，病情也得到好转。回到家后，汤珈铖最大的兴趣就是看网上的股市分析，母亲渐渐发现他对股市的预估非常准确。为了鼓励儿子重拾信心，母亲给了儿子100万作为投资基金，本来只是满足儿子的兴趣爱好，却没有想到一个月后，儿子居然赚了40万。通过这件事情，他们决定让汤珈铖帮忙打理母亲的公司。在进入社会后，股市成为汤珈铖最热爱的地方，每一分用自己智慧与勤劳赚回来的钱都使得这个20岁的小男孩有着无比的成就感，而他对股市准确的预估使得他拥有了"股神"的称号。

走出童年病魔的阴影，汤珈铖有自己的心得，他说："只有不断充实自己才能够转移注意力，如果一天无所事事，就会有很多奇怪的想法，情绪就会越来越低落，病情也会更加严重！"汤珈铖的成功并非偶然，上天赋予了他聪慧的头脑、殷实的家境，却在童年时代给了他巨大的磨难。但是在父母的帮助下，汤珈铖终于以乐观积极的心态和永不放弃的乐观精神战胜了病魔并走向了成功。

赵俊杰——年轻，哪有什么不可以

"90后名人协会"名誉会长、"90后正能量代表人物"、首批获得演艺经纪人认证的90后学员、国内最年轻的CCNP认证获得者、首批获得高级网络工

程师认证的90后学员，这些荣誉都集中在一个22岁的年轻人身上，他叫赵俊杰。

赵俊杰出生于山东省淄博市博山区，2002年考入市重点初中——淄博怡中外国语学院，但就在上高二那年，班里同学都忙着准备参加高考的时候，成绩名列前茅的赵俊杰却因为对应试教育"分数为王道"的模式极为不满而毅然决定退学。起初，父母当然不同意，但是，当赵俊杰把一份详细、周密的"事业计划书"摆在父母面前时，他们的

赵俊杰——不怕输，不服输

态度才渐渐有了转变。原来，赵俊杰虽然从小迷恋电脑，但却不像同龄孩子那样沉溺于网络，他更喜欢钻研技术化的东西，而眼前的这份"事业计划书"，不仅包括专业技术的学习、实习经验的积累，甚至包括积累人际资源和创业计划。就这样，15岁的少年带着满腔的信心和"初生牛犊不怕虎"的勇气，踏上了北上的列车。

然而，来到北京后的生活却是喜忧参半。虽然俊杰凭借自己过硬的计算机知识进入了一家文化传媒公司，但是从无拘无束的随性少年到西装革履的上班族的转变却让他一时难以适应，工作枯燥不对口，人际上处处栽跟头，最为关键的是，专业知识严重欠缺。于是，在北京待了两个星期后实在无法继续维持生活的俊杰毅然决定回乡，充电！从头再来又何妨？年轻，没有什么不可以！

回到家乡后俊杰在姐姐的鼓励下决定在青岛发展。他深深地知道要想在日后的工作中站稳脚跟，专业知识是不可或缺的，于是他先进入了一家IT培训学校学习网络知识，在此期间取得了"高级网络工程师"、"CCNP"等资格认证并顺利毕业。此时的他在一家文化传媒公司又获得了一份正式工作，这使得

经历了低谷的轻狂少年恢复了往日的自信。

2008年，积累了不少工作经验的赵俊杰与两位同学一起创办了"依兰科技"网络服务品牌，成为青岛互联网的一支年轻力量，虽然那时他只有17岁。之后，赵俊杰顺利结识了有"音乐鬼才"之称的青岛著名音乐制作人MC沙洲。两个年轻人相见恨晚，赵俊杰很快加入其创办的沙洲音乐文化发展有限公司，担任网络与企宣部主管。一年后，赵俊杰成立了自己的"俊杰网络工作室"并担任CEO，这使他获得了许多业务机会。

如今的赵俊杰依然带领着自己的团队终日忙碌着，用他自己的话来说："生命在于折腾，年轻就是资本，不怕输，不服输，这是我的本性。"

 ## 于金田——爱观察的"学生发明家"

于金田，刚满17岁就已经成功申请了13项国家专利，其中有三项还同时取得了国家发明专利和实用新型专利，被誉为"科学发明家"。

于金田，出生于黑龙江大庆，2002年跟随父母来到深圳。父亲是骨科医生，母亲是小学老师，小金田从小就热爱生活，爱动脑筋，他的发明都是简单的道理和生活常识。

大家都知道，抽水马桶向来是家里的"水耗子"，据有关专家测算，马桶冲厕用水往往占到家庭生活用水的一半。从小就生活在水资源紧缺的黑龙江的小金田，看着父母总是把淘米和洗澡洗脸水收集起来，用来冲厕所用。他的印象里，家里的浴缸总是积满"再用水"，全家人养成了节约用水的好习惯。当时，他就在想，要是有一个自动的机器把这些水都收集起来就好了，这样每天妈妈就不用

辛苦地一瓢又一瓢舀水了。后来，全家搬到了深圳，小金田发现，深圳人每天都要冲凉，用水量更是大得惊人，这样很浪费水资源。于是，小时候一闪而过的念头在他脑海里更加清晰起来，他要设计一个机器，既能储水又能将废水再利用。经过不断的试验，一个"楼房污水回收利用装置"终于成型了：过滤器的进水口接到楼房上层的洗浴下水管，几经过滤后，下水管接到本层的便池……就是这项发明，成功申请了国家发明专利，而那时，小金田才12岁。

又如，在东北出生的他身材有些高大，当他坐在学校统一配置的课桌上时，觉得很不舒服，腿不能完全放在课桌下，上课时不得不侧坐或者弯着腰，同时他也发现了其他个子高的同学也存在这些问题，这些都很不利于身体的发育。于是，通过他细心观察课桌椅，苦思冥想，终于想到了在桌腿上做文章的方法，也就发明出了现在市面上出售的"可调节健康升降桌椅"，诸如此类的发明，不胜枚举。

在记者采访他时，于金田曾这样说："是生活，正是在生活中的不便和细节，给予了我去解决问题、深入研究的灵感和动力。"

 ## 刘晓梦——少年发明家

谈及"科学"二字，很多小朋友们总觉得神秘遥远，可是，有这么一位小小发明家，她刚满11岁时，就已经申请了7项国家专利；在她的提议下，"大风车"节目增设了"奇思妙想"少年科技栏目；在她刚升入初中之时，就受到胡锦涛主席和温家宝总理的亲切接见。小小年纪就获得"少年诺贝尔奖"等多项荣誉的她，就是学习认真勤奋，有众多"鬼点子"的刘晓梦。刘晓梦，出生于河北省，她和普通女孩没什么区别，而不一样之处在于她擅长从身边的小事里发现问题，并刨根问底积极思考，最终科学地解决问题。

有一次，在一个沙尘暴肆虐、漫天灰尘的天气里，刘晓梦陪妈妈去银行的自动取款机取钱，只可惜因为沙尘进入电脑，取款的电脑不能工作了，因而钱取不出来。这时在一旁的晓梦就想有什么办法能阻止灰尘侵入呢？突然，

刘晓梦——发明是为了回馈社会

她想起来在课堂上听老师讲过，制药厂的房子是不进尘土的。于是，她和一直以来都很支持她的妈妈跑遍了市里的几大制药厂，经过多方考察，在家人的帮助下，写出了把药厂的防尘方法运用到电脑上去的发明，并报送方案到国家专利局。不久，经过专家的认定，这个方案属于发明创造，并给刘晓梦颁发了"实用新型专利证书"。

刘晓梦还发明研究出太阳能泵、防尘电脑、套筒筷子、热回收制冷家电、节能净化空调器等多项环保新技术，但她的发明都无偿转让给了社会。她说，发明和申报专利不是为了赚钱，而是希望更有力地促进环保事业，保护地球森林资源。

廖静怡——爱问为什么的小小发明家

发明，当我们看到这个词的时候，都会想到科学家，其实，发明并不是科学家的专利。在我们的生活中，无论是学习用品还是工作用品，都是一些简单

的发明。有个小女孩叫廖静怡，她发明的"记忆钥匙"就获得了福建省第24届青少年科技创新大赛的三等奖。

廖静怡其实是一个很普通的女孩，并没有什么过人之处，但她有个优点就是，当遇到生活中的实际问题时，总是善于思考、勤于钻研，而且带着无尽的好奇心和"打破沙锅问到底"的态度去思考每一个问题。活泼开朗的她总是对周围生活的一切充满了好奇心，什么事情都喜欢问个为什么。她的爸爸是一位钢材厂的高级工程师，在她上幼儿园的时候，每次放学，爸爸都要把她带到单位，给女儿讲一些简单的工程原理方面的东西。虽然她对爸爸讲的内容似懂非懂，但她每次都很认真地听着。也许正是那个时候受到了爸爸的影响，她还从此养成了喜欢动手的好习惯，经常在手里拿一些小东西把玩。

对于自己发明的"记忆钥匙"，廖静怡说："因为我的奶奶记忆不好，经常都走到楼下了还想不起来有没有把门反锁上，总是再回去确认一下，所以我就想着发明一种能在门反锁以后留下记号的钥匙，这样就不用让奶奶再来回跑了。"于是，她把这个想法告诉了爸爸，还在一次学校组织的填写发明设想的表格中，把想法告诉了老师。老师了解了情况以后，来到她的家里和家长商量。最后，爸爸和老师都肯定了她的想法，全力支持她完成好这次发明。得到认可的廖静怡每天都干劲十足，一做完作业，就跑去和爸爸研究发明的事情。

然而，想法虽然好，但实施起来谈何容易。一次不经意的机会，她在自己的圆珠笔上找到了灵感，她发现圆珠笔的笔芯随着笔帽的状态弹出和缩回。就这样，她把利用这个原理来发明记忆钥匙的想法告诉了父亲。在父亲听到她的设计方案后，惊叹不已。就这样，她一次又一次地修改自己的设计方案，而爸爸也一次又一次地配合她完成好图纸的制作。终于，功夫不负有心人，她的记忆钥匙发明成功了。虽然设计图纸上还有她看不懂的地方，但经过爸爸和老师的协商，把她的方案转变成了一种儿童能理解的语言。就这样，她的作品被送去参加这次比赛，并最终获得了第三名的好成绩。

伟大的科学家爱因斯坦曾经说过："想象力比知识本身更重要。"关心他人是科技进步的动力，想象生活变得更轻松、更方便正是廖静怡成功的动力。

 ## 赵念——爱动手的小发明家

有一个小女孩，她说："这个世界上只有想不到的，没有做不到的。"她就是华师附中高二的学生赵念，同时她还是学校里学生科学院的"研究生"，因为喜欢动脑筋，她曾获得过三项发明的国家专利。

赵念说自己特别喜欢"搞破坏"，但其实这是她自己极强的好奇心引发的一种创造欲。小时候，她对任何事情都充满了好奇，在四五岁时，她就把闹钟拿到妈妈面前说："它为什么会动会叫呢，我能不能看看它里边是什么结构啊？"没想到，妈妈不仅没有阻止她，反而给了她一把小起子，没多久，她就把闹钟拆得遍地零件。她家里的很多布娃娃和小玩具都曾被她搞过破坏，不是被拆卸得面目全非，就是被大卸八块。但有一点不同的是，她每次拆完之后都说："这个东西太简单了，我以后还要做一个比这个更好的。"就这样，慢慢地她就成了家里的"破坏分子"。然而，值得高兴的是，爸爸妈妈对她的行为都比较"支持"，甚至有时候还跟她一起来搞破坏。还有很多时候，当女儿问到一些想不通的问题时，爸爸妈妈总是鼓励她自己去摸索并探个究竟。

赵念的爸爸从事的是技术方面的工作，经常在家里要做一些线路之类的事情。每次她都是好奇地看着爸爸做这些事情，还时不时地问些问题，爸爸总是耐心地给她讲解。慢慢地，一些简单的回答已经不能再满足她的好奇心，她还

要求爸爸给她些自己动手的机会。就这样，她的动手能力就培养出来了。

赵念所有发明都是源于她对生活里各种问题的思考。有一次，她注意到电视和报纸上常说些汽车追尾的事情，她当时就想着要发明一种能避免事故发生的装置。她注意到，事故的发生大部分都是因为前车在紧急刹车时，后车来不及做出反应造成的，她灵光一现，就想着给汽车的刹车系统加个气囊，这样就能让紧急刹车时发出的信号要比正常刹车发出的更为强烈，但是，这样的报警装置虽然可以起到一定的提醒作用，但并不能实际地防止汽车的相撞，于是，她又开始思考了。一天，她坐公交车回家时，看到了一幕货车和出租车碰撞的事故，所幸货车后边装的是席梦思床垫，后边的出租车在撞上去后又被弹了回去，一场车祸就被这样化解掉了。这给了赵念极大的启发，她决定把这样的启发运用到自己的小发明上，这就是"可识别快慢刹车的汽车安全保护系统"，获得了全国青少年科技创新大赛一等奖。

 ## 马力——十岁的"发明王"

有一个女孩，她只有10岁，但已经获得了"全国青少年科技创新大赛三等奖"、"浙江省青少年科技创新一等奖"、"台州市青少年科技创新一等奖"等等共50多个奖项，她就是浙江省温岭市三星小学的四年级学生——马力。

马力，一双大大的眼睛，一个特别爱思考的头脑，同学们都把她称为"发明王"，她发明的东西可以说数不胜数。在她读二年级的时候，有一天，只有8岁的她来到自己家里的阳台上玩，不经意间竟然在兰花盆的底部看到了很多蜗牛，而且还有很多白色的黏液在它们身上，在那里安静地待着。看到这些蜗牛，马力纳闷地想，难道它们死了吗？然后就跑回去问爸爸，爸爸说道："蜗牛是在夏眠呢！""夏眠？"马力听后更来了兴趣，因为她只听说过冬眠的动物，还从没有听说过夏眠的，从此之后，她只要一有时间就会跑到阳台上，去观察蜗牛怎么才会醒来。有一次，学校里组织大家观察生活中的事情，做一些小发明的活动，她便决定写一个关于《使蜗牛夏眠的主要因素研究》。后来，为了这个项目，她查阅了很多有关科技方面的书本，平时还对家里的蜗牛照顾有加，甚至有两次还去了乡下的两位蜗牛养殖户那里。当她看到那么多各种各样的蜗牛时，她便更加坚定了自己的信心，她一定要找出蜗牛夏眠的真正原因。于是，她废寝忘食，更加积极地把精力放在了这个研究项目上。事实上，当每次她的研究结果跟书本上的不相同时，她还敢于向旧的观点提出质疑，还在举办的青少年科技创新比赛上进行了现场答辩，仔细地向每一个评委述说自己的想法和观点，得到了很多专家的赞同。她还说，如果她对这个项目的研究结果能被运用到蜗牛的夏季养殖中的话，那将会大大提高夏季蜗牛养殖的产量。她的作品最终获得了"全国青少年科技创新大赛三等奖"和"温岭市、台州市和浙江省青少年科技创新一等奖"，为学校和自己争得了荣誉。

　　当她站在领奖台上的时候，谁都不敢相信，取得如此成功的竟然是一个只有8岁的小女孩，而她的自信和大方开朗，又征服了在场所有的人。此后，她继续努力，发明了在水里培养的洋葱和在屋顶利用风雨光等等自然气候来进行节能的装置，都取得了圆满成功，获得了浙江省和台州市等一系列的奖项，让人不得不佩服这个小小发明家的智慧和思考能力。

陆璇——11岁的"科学院小院士"

一个只有11岁的南京小女孩，在小学里就被学校任命为校科学院发明创造研究所所长，她就是陆璇，一个刚刚读五年级的学生。没人会想到，她已经获得了南京市、江苏省的一系列大奖，还荣获了第四届中国少年科学院小院士的称号。

陆璇这么多的成绩都和她的"贪玩"是分不开的，而她的所有发明，都是一些很有意思的游戏。她从小就是一个善于动手、好学好问的孩子，而且总喜欢把所有的事情都搞得清清楚楚，弄得明明白白才会罢休。因为她的折纸和剪纸特别的棒，所以在她上了幼儿园之后，老师总是表扬她，说她的小手独一无二。有了这些表扬，她更加努力地思考怎样才能把老师教给大家的知识用最简单的方式做到最好，就这样，她试了一次、两次……直到自己能够满意。

上了小学，由于阅读的书籍不断增多，范围逐渐扩大，她的接触面也就越来越广了，这些都更加激发了她的求知欲。然而她并不满足于老师教给她的现有知识，而是喜欢自己动手，照着书上的方法去弄个究竟。

有一天，她看到电视里新闻中播放的美国总统布什，正在大雨中拿着一把雨伞走下飞机，突然一阵风吹来，就把他的雨伞吹翻了。陆璇当时就在想，这对于美国总统来说是多么尴尬的一件事，想想自己有时候也会遇到这样的问题，便下定决心要发明一种不会被吹翻的伞。于是，她把家里大大小小的好几把雨伞都拿了出来，并一个个地开始研究。她发现，伞之所以会被吹翻，是因为风的强度太大，超过了伞架能够承受力量的最大限度。她仔细分析了以后想出一个解决的办法，在伞的中心布面上开了一些洞，使得空气可以流出，而伞面上可以再加一层布，遮住了这些洞，这样就可以不让雨水流下来。设计方案确定之后，她便着手制作了，她经历了4次改进，弄坏了8把雨伞，终于将这把"防吹翻雨伞"制作了出来。这项发明获得了南京市第11届小学生科技创新大赛二等奖、江苏省第17届青少年科技创新大赛三等奖等等一系列的奖项，为自己和学校争得了荣誉。

 ## 施哲衡——环保"纸"发明家

在复旦大学附中的高一年级，有一名学生施哲衡，他发明了一种纸，可以使一张纸顶上一百张，不仅用不完、揉不烂，而且还很环保、容易携带，即使是中华书法协会的理事陈耀廷和中国岭南画派的画家吴暑中，用了这种纸后都赞不绝口，说："其书、其画，既含宣纸之墨韵，亦具天然之风致。"

施哲衡发明的这种"纸"，是用日常商店里随处都能买到的彩色涤棉基布做成的。他在布料的表面涂上了一层均匀的含有纳米粒子的添加物，使布变成了白色，然后再用软性水笔或者毛笔蘸上清水后在布上写字画画。只要是笔尖碰到的地方又能显现出布料本来的颜色，即使是在北方地区很多干燥的气候条件下，也会至少保持100秒的时间。这对练习书法和画画的人来说，实在是一个实用的宝贝。由于使用的是基布，所以不会起皱，还很方便携带，比起造纸所用的资源，是非常环保了。这个发明在全国青少年科技创新大赛上一举夺得了英特尔英才奖、高士其科普奖等三个奖项，不得不说是一种极高的荣誉。

这个发明也是源自生活的灵感，因为施哲衡练习书画，看到了纸张被浪费

的现象很严重，他就思考着想寻找一种永远都用不完的廉价书写纸，就是这个想法成了他以后研究的小课题。其实没有人会知道他在这个发明背后所付出的努力和辛苦，只有他妈妈后来告诉记者说，儿子为了能实现这个发明，假期里经常要研究到大晚上，而妈妈就在一旁默默地陪着他，直到他睡下了，妈妈才去睡。施哲衡非常感动，并自我鼓励地说一定要把这种"纸"发明出来。

施哲衡没有因为做小发明而耽误了学习，恰恰相反，他搞了小课题之后，学习成绩反而更好了，因为科学让他在思考问题时变得更严谨，这些都很大程度地端正了他的学习态度。

在一次采访中，施哲衡笑着说："男孩子总是要学点理科知识的，因为科学是一种很吸引人的东西！"